Heidegger

하이데거

하이데거

권터 피갈 지음
김재철 옮김

인간사랑

목차

일러두기

1. 이 책은 Günter Figal의 *Martin Heidegger zur Einführung*(Hamburg : Junius 1999)의 3판을 번역한 것이다.

2. 저자의 주 외에 역자가 붙인 주는 구별을 위하여 주의 앞부분에 "역주"를 표기하였다. 또한 본문 중에서도 이해를 통해 위해서 첨부한 말은 "[   ]"로 표기하였다.

3. 저자가 본문 중에 삽입한 기호 》《는 " "로 처리하였으며, 이텔릭체로 표기된 단어는 고딕체로 표시하였다.

4. 'y'이 들어 있는 "Seyn"은 존재로 번역되는 Sein과 구별하기 위해 밑줄친 존재로 표기하였다. (해당부분의 역주를 참조할 것)

1

서론

하이데거의 저작을 있는 그대로 냉정하게 받아들이는 일은 좀처럼 드물다. 그의 저작은 한편으로 경탄을 자아내기도 하며, 다른 한편으로―신랄한―비판을 불러일으키기도 한다. 이때 비판은 비판으로만 끝나는 것이 아니라, 1933년에 있었던 하이데거의 나치 관련설과 거의 매번 다시금 연결된다. 항상 그를 "파시즘"에 연루시켜 그의 철학과 거리를 두려는 시도는 많이 있어 왔으며, 그때마다 사람들은 도덕적으로 그의 철학에 대해 분개하며 하이데거로부터 벗어나려고 시도하였다. 그러나 그런 시도들은 결국 실패로 끝나고 말았다. 왜냐하면 하이데거가 없었다면 20세기 철학이 완전히 다른 모습이었을 것이라는 사실에는 더 이상 논란의 여지가 없기 때문이다. 하

이데거 없이 장 폴 샤르트르의 실존주의가 없는 것처럼, 마찬
가지로 에마뉘엘 레비나스의 윤리학도 가능하지 않았을 것이
다. 하이데거 없이 한스 게오르크 가다머는 그의 철학적 해석
학을 발전시키지 못했을 것이며, 미셸 푸코도 하이데거의 자극
이 없었다면 다른 것을 썼을 것이다. 그리고 자크 데리다의 해
체주의도 하이데거와의 대결이 없었다면 성립될 수 없었을 것
이다. 하이데거 이후 20세기의 유럽철학은 하이데거 없이 이
해될 수 없다.

　　더 나아가 20세기의 탁월한 철학자로서 하이데거는 철
학사 전체에 대한 새로운 시야를 열었다. 플라톤과 아리스토텔
레스, 그리고 칸트와 헤겔 같은 고전철학자들이 새롭게 읽혀질
수 있고 나아가 새롭게 읽혀져야만 했던 것은 바로 하이데거가
있었기 때문이다. 파르메니데스와 헤라클레이토스의 단편들
도 하이데거가 없었다면 아마도 특수한 탐구의 대상으로 머물
러 있었을 것이다. 사람들이 니체를 철학자로서 진지하게 받아
들이게 된 것도 하이데거의 해석에 기인한다. 키에르케고르도
딜타이도 하이데거가 없었더라면 학술적인 철학에 편입되기
가 아주 어려웠을 것이다.

　　마지막으로 하이데거는 전승된 것을 단순히 관리하는
자가 아니라, 철학적 전통에 대한 집중적인 해석을 통해 철학
이란 무엇인가, 그리고 어떻게 계속해서 철학을 제대로 할 수
있는가에 대한 물음을 항상 다시금 제기하였다. 하이데거는 철

학의 역사적 성격을 진지하게 받아들였다. 철학이 전통과 결합되어 있다는 것을 간파하지 못함으로 인해서 결국 자기의 전통을 무시하게 되는 철학은 철학 자체의 가능성도 등한시하는 것임을 하이데거는 분명하게 의식하고 있었다. 그러나 다른 한편으로 하이데거는 철학이 그의 고유한 역사 이상의 것임을 항상 확신하고 있었다. 철학은 하나의 중심적인 물음을 견지함으로써 역사학적 탐구가 되는 것을 피할 수 있다. 하이데거의 자기 이해에 따르면 그 중심적인 물음이란 바로 존재물음이다.

일반적으로 사람들은 존재물음이 무엇을 의미하는지에 대해 정확히 알지 못한다. 그 때문에 그들은 하이데거의 수수께끼 같은 어법들을 순전히 말의 마술로서, 공허한 마법으로 쉽게 멸시하게 된다. 하이데거를 이해하게 되면 사람들은 그들이 "존재물음"을 묻는 것조차 망각하고 있었다는 사실을 알게 된다. 하이데거가 그의 사유를 어떻게 발전시켜 나갔는지를 추적해 보면 그의 철학함에 이르는 통로가 훨씬 더 쉽게 발견될 수 있다. 독자적인 하이데거의 첫 번째 숙고를 출발점으로 조금씩 따라가기 시작하면 그의 사유의 중심적인 동기와 윤곽이 금방 투명하게 드러난다.

이 동기와 사유의 윤곽을 하이데거가 전반적으로 성실하게 고수했다고 할지라도 그의 작업은 이미 초기에 기획한 계획을 계속해서 줄기차게 발전시켜 나간 것이 아니다. 오히려 그의 작업은 거대한 미완성에 그치고 있다. 그는 항상 다시금 새롭게 출발하고, 그의 개념을 바꾸며, 나아가 한번 도입한 개념조차도 새로운 의미로 적용한다. 이로 인해 그의 철학을 개관하는 일은 더 한층 어려워진다. 그의 저작들과 강의들은 그의 철학적 단초에서 수행된 부단한 실험의 기록물이다. 거기에서 하이데거는 자신의 사유를 위해 보다 새로운 해명과 이해를 발견하려고 한다. 그의 계획을 관철하려고 시도하면서 하이데거는 더 이상 상호 환원될 수 없고, 오히려 다양성과 잠정적인 상태로 놓아두는 방식의 해결책에 도달한다. 그가 계획한 전집에 제시된 책의 두 제목 『숲길』과 『이정표』가 그것을 반영하고 있다.

　하이데거의 철학함을 이해하려는 사람은 그의 작업에 담긴 실험적 성격에 참여해야 한다. 그 실험적 성격 때문에 사람들은 그에게 접근하는 통로를 무엇보다도 파편과 갈라진 틈새에서 발견한다. 거기에서 그들은 하이데거가 어떤 일관성을 가지고 자신의 문제를 이끌어가고, 동시에 해결의 시도가 불만족스러울 때 그 문제를 다르게 정리하기 위해 무엇을 준비했는지를 알게 된다.

　그러나 하이데거의 철학을 이해하려는 사람은 하이데거를 이해하려는 것만으로 끝낼 수가 없다. 하이데거에게 결정적으로 중요한 사유는 대개 다른 철학들과의 대결에서 자주 획득되고 원문해석을 통해 제시되기 때문이다. 하이데거 철학의 특징은 아주 독특하며 고유한 원문해석의 방식을 발전시켰다

는 데 있다. 하이데거 입문은 헤겔, 후설과 딜타이, 아리스토텔
레스와 플라톤, 횔덜린과 니체, 에른스트 융거에 대한 언급 없
이 제공될 수 없다. 그 중에서도 아리스토텔레스와 플라톤이
가장 중요하다. 그리스 고전철학에 대한 고찰 없이 하이데거를
이해하려는 모든 시도는 헛된 것이다.

　　　따라서 하이데거 입문은 단지 하이데거의 문헌을 언급
하는 것 이상의 작업이 될 것이다. 다른 한편으로 하이데거 입
문은 모든 다른 입문처럼, 나아가 다른 모든 사유의 맥락을 제
시할 때처럼 반드시 어떤 하나의 관점적인 요약이 될 수밖에
없다. 뿐만 아니라 하이데거 입문은 사유 전체가 전개되는 풍
부한 영역의 구조를 드러낼 수 있기 위하여 정해진 앞선 판단
으로부터 인도되어야 한다. 이로 인해 다른 관점에서 주목할
만한 가치가 있는 많은 것들도 여기에서는 배제될 수밖에 없
다. 그런 이유에서 그의 스승인 에드문트 후설의 철학과 벌이는
하이데거의 대결은 이 책에서 상세하게 논의되지 않을 것이다.
또한 그의 칸트 해석과 셸링에 대한 집중적인 작업도 마찬가지
로 여기에서는 큰 역할을 하지 못할 것이며, 니체와의 집중적
인 대결은 단지 주변적인 언급으로 그치게 될 것이다. 파르메
니데스와 헤라클레이토스에 대한 하이데거의 작업은 언어와
시짓기(Dichtung)에 대한 후기 저작들과 마찬가지로 미약하게
다루어질 것이다. 근본사유의 발생을 추적하고, 그것을 긴장감
넘치는 연관에서 이해할 수 있도록 하는 것만이 [이 입문의]

관건이 될 것이다. 이 정도에서 밝혀질 하이데거의 철학에 대
한 이해 역시 이미 충분히 복합적인 것이 될 것이다. 그러나 반
드시 제시해야 할 것을 무시할 정도로 그의 철학을 단순화하지
는 않을 것이다.

2

철학과 역사

헤겔과 키에르케고르로 시작함

만약 하이데거가 그가 높이 평가하는 하이델베르크의 철학자 에밀 라스크(Emil Lask)처럼 제1차 세계대전에서 죽었다면, 오늘날 사람들은 그를 단지 세기 전환기 이후에 특징적인 철학 논쟁에서 잠시 나타난 주변 인물 정도로만 알았을 것이다. 심리주의의 판단론을 다룬 그의 박사학위 논문(1913년 발표, 1914년 출판)은 아직까지도 그 독자성을 철학적으로 인정받지 못했을 것이며, 둔스 스코투스의 범주론과 의미론에 대한 교수자격논문(1915년 발표, 1916년 출판)도—적어도 첫눈에는—독자적인 강조점이 없는 딱딱한 학술적인 논문에 그치고 말았을 것이다. 그러나 이제 사람들은 이 논문들을 이후에 나온 하이데거의 저작을 배경으로 상당히 관심 있게 읽게 되었으며, 이미 거기에 놓여 있던 중심적인 계기들을 인식하게 되었다. 그 계기들은 역사에 대한 경험, 본래적 삶, 또는 하이데거가 이후에 말하게 될 현존재에 대한 생생한 경험과 같은 것이다. 그 계기들이 현실화되면서 하이데거의 독자적인 철학이 그 영향력을 발휘하게 된다.

　　하이데거는 철학자가 되기보다는 신학자가 되어야 했었다. 그는 성당 종지기의 아들로 1889년 바덴의 메쓰키르히에서 태어났고, 엄격한 가톨릭 환경에서 성장했으며, 머지않아 사제가 될 소질을 타고난 학생으로 여겨졌다. 그후 그는 신학을 연구하기도 하였다. 그러나 그는 바로 자신의 철학적 성향을 따를 수밖에 없었고, 프라이부르크 대학 시절부터 당시 실제로 활발하게 전개되고 있었던 철학적 논쟁에 개입하였다. 그 자신의 증언에 따르면 그는 이미 첫 학기에(1909/10) 후설의 『논리연구』에 심취하였으며, 무엇보다도 그의 스승 하인리히 리케르트를 통해 신칸트주의의 철학적 단초에 친숙하게 되었다(SD 81).[1]

　　그의 교수자격논문에서 하이데거는 중세의 범주론과 의미론의 문제들을 보다 새로운 연구를 통해 예리하게 부각시

---

[1] **역주_** 문헌에 대한 약술기호와 하이데거 전집에 대한 상세한 서지사항은 뒤의 참고문헌을 참조할 것.

켰다. 이에 대해 사람들은 하이데거가 그의 논문에서 처음으로 중세의 대가[둔스 스코투스]를 당시 철학에서 지배적이었던 소위 범주문제를 통해 주목하게 만들었다고 여길 수도 있다. 그 자체로 본다면 그의 연구가 그렇게 특별히 독창적인 것이라고 할 수는 없다. 헤겔이 그의 『철학사 강의』를 통해 전통적인 문헌들을 현재의 용어와 문제제기의 관점에서 해석할 때, 그것들을 어떻게 해명해야 할 것인지를 이미 제시한 바 있었기 때문이다. 이러한 헤겔의 선례는 하이데거에게도 많은 도움을 주었다. 그럼에도 불구하고 하이데거의 교수자격논문의 단초는 흥미로운 것이다. 왜냐하면 그 단초는 헤겔이 작업했던 것과는 완전히 다른 물음의 강조점을 선취하고 있기 때문이다. 그 강조점은 다름 아닌 철학과 역사의 관계에 대한 물음이다.

하이데거는 그의 교수자격논문이 헤겔에게 소급되고 있다는 것을 명시적으로 강조하면서 헤겔의 선례적 기능을 보다 분명하게 드러나도록 하였다. 결론부분에서 그는 범주 문제에 대한 논의를 요약하면서 다음과 같은 결론적인 고찰에 도달한다. "범주"는 한 대상을 그의 대상성에서 보편적으로 규정하는 것이다. 그러나 "가장 보편적인" 대상의 규정성으로서 범주에 대한 물음은 하이데거의 말처럼 "주체"의 본질적인 역할이 고려될 때에만 적합하게 제기되고 정리될 수 있다. "대상과 대상성은 그 자체로 주체에 대해 유일한 의미를 갖는다"(GA 1, 403). 주체는 본질적으로 대상으로 "향해 있다"는 사실을 통해 특징지어진다. 이러한 사유를 하고 있다는 것을 볼 때, 하이데거가 완전히 후설의 『논리연구』의 영향 아래에 놓여 있다는 것을 알 수 있다. 후설과 함께 그는 의식활동의 지향적 구조를 강조한다.

그러나 지향적 의식의 주체는―여기에서 하이데거는 비판적으로 신칸트주의와 대립하고, 그 단초에 있어서는 이미 후설에게도 반대하는 것으로 보인다―단지 "인식론적 주체"로만 파악되지 않는다. 인식론은 대상과의 연관성(Bezogenheit)을 "순수 사유기능"으로 환원함으로써 그것을 파악하려고 시도한다(GA 1, 403). 그러나 대상을 파악하는 행위는 항상 "의미를 충전하고 의미를 현실화시키는 살아 있는 활동"이기도 하다(GA 1, 406). 다시 말해 그때마다 의식의 대상으로 경험되는 것과 어떤 것이 대상으로 경험되는 방식은 인식하는 주체의 삶의 방식에서만 이해될 수 있다.

범주론에 대한 인식론적 물음은 보다 큰 연관에 속한다. 그 연관을 적합하게 논의하려는 사람은 주관성을 단지 인식론적으로 규정하는 것 이상으로 확대시켜 생각해야 한다. 이렇게 확대된 규정들은 또한 **역사적**이어야 한다. 규정된 범주의 파악이 속해 있는 삶의 방식들은 더 이상 그 자체로 머물러 있는 것이 아니라 지나간 것이기 때문이다. 그리고 이 지나간 것 자체를 사람들은 자신의 현재에서 배제하고서는 고찰할 수 없다. 왜냐하면 지나간 것은 분명 현재에서 이해되기 때문이다.

결국 이러한 사유를 통해 하이데거는 후설의 자극을 받아들이면서도 후설의 고유한 철학적 작업과는 단절한다. 역사는 후설에게 "엄밀한" 철학의 주제가 아니었기 때문이다.[2] 새롭게 획득된 입장을 규정하기 위하여 하이데거는 계획대로 헤겔의 정신 개념으로 되돌아간다. "살아 있는 정신 자체는 본질적으로 낱말의 가장 넓은 의미에서 역사적 정신이다. 참된 세계관은 삶과 분리된 이론의 단순한 점적(punktuell) 실존과는 거리가 아주 멀다. 정신은 그것의 온전한 수행의 충만함, 즉 그의 역사가 그에게서 지양될 때에만 파악될 수 있다. 철학적 개념성에서 부단히 성숙해 가는 역사의 충만함을 통해 절대정신, 즉 신을 생생하게 파악하기 위해 지속적으로 고양되는 매개가 주어진다"(GA 1, 407 이하).

언뜻 보면 이 말은 마치 헤겔이 직접 기술하고 있는 것처럼 들린다. 왜냐하면 철학사에 대한 헤겔의 구상에는 지나간 "사유활동"이 현재하는 현실성의 저편에 놓여 있는 것이 아니라, "지나간 모든 인간 세대가 이루어 놓은 노동의 결과"[3]를 통해서만 이해될 수 있다는 확신이 담겨 있기 때문이다. 그러므

2] E. Husserl, "Philosophie als strenge Wissenscharft", in : *Logos*, Bd. I(1910/11), Neuausgabe, hrsg. von W. Szilasi, Frankfurt a. M. 1965 참조.

3] G. W. F. Hegel, "Vorlesungen über die Geschichte der Philosophie I", in : *Werkausgabe in zwanzig Bänden*, Bd. 18, Redaktion E. Moldenhauer und K. M. Michel, Frankfurt a. M. 1971, 21.

로 현재의 철학은 그 자체의 고유한 역사를 새롭게 이루어 가며, 바로 거기에서 그 자체가 역사적이라는 사실을 통해 비로소 그의 현실성에서 파악된다.

그럼에도 불구하고 헤겔에서 철학함의 역사성에 대한 이러한 통찰은 현재의 철학을 역사적으로 상대화하는 것으로 귀결되지 않는다. 사람들은 과거에 사유된 것을 단지 현재에서 확인할 수 있으며, 과거의 결과로서만 자신을 현재에서 이해할 수 있을 뿐이다. 과거의 사유자들에게도 이미 그와 동일한 사태가 문제시되었다. 철학사는 "공동체적 불변성"[4]을 통하여 연속성과 통일성을 보존한다. 나아가 그 불변성은 시간에서, 시간과 함께 형성되지만 본질적으로는 시간적이지 않다. 만약 사유가 "시간을 참으로 초월"[5]해 있지 않다고 한다면, 지나간 사유의 활동들은 그 사태성(Sachlichkeit)과 진리에서 이해되지 못한 채 남아 있게 될 것이다. 현재의 사유는 더욱이 그의 시간과 시간 일반을 초월함으로써 온전하게 규정된다. 현재의 사유에서 지나간 정신의 모든 활동들이 개념적으로 파악되고 그것을 통해 "지양"되는 한, 현재의 사유는 더 이상 어떠한 제한과 상대성에 종속되지 않는다. 그 사유는 "절대적인 자기 의식"[6]이

4] 같은 책, 21.
5] 같은 책, 74.
6] G. W. F. Hegel, "Vorlesungen über die Geschichte der Philosophie III", in : *Werkausgabe in zwanzig Bänden*, Bd. 20, Frankfurt a. M. 1971, 460.

되고, 그런 점에서 그 사유는 "자기 자신을 아는 신의 현현"[7]으로도 지칭될 수 있다.

철학사에 대한 헤겔의 기획은 동시에 철학사의 철학에 대한 기획이다. 철학은 먼저 현실적인 형태로 전개되어야 하고, 그 전개 자체를 개념적으로 파악할 때 비로소 현실성을 가진다는 점에서 역사적이다. 그러나 이러한 개념적 파악은 시간을 초월해 있다. 동시에 철학은 그의 전개를 개념적으로 파악하는 과정에서 시간을 통해 구속되지 않는다는 것을 증명한다. 나아가 철학은 그의 진리에서 역사를 증명한다. 그 진리는 절대정신, 즉 무조건적이며, 명료하게 스스로를 인식하는 정신의 진리이다. 비록 사람들이 헤겔 철학을 신학적이라고 말하기를 주저한다 할지라도, 철학적 사유에 대한 그의 이해가 어려움 없이 사변적 신학의 언어로 번역될 수 있다는 것을 그들은 고백해야 한다.

무엇보다도 헤겔에서는 온전히 수행된 투명한 정신에 대한 사유가 모든 것을 지배한다. 이 사유는 하이데거가 헤겔처럼 기술한 구절에서 선취하고 있듯이 분명한 강조점의 변화를 위한 근거를 제공할 수 있다. 사람들이 한 번 더 하이데거의 이 구절을 읽는다면, 거기에는 절대정신의 현실성에 대한 사유가 현재의 철학함에 수용되고 있지만, 그럼에도 불구하고 독자

---

[7] 같은 책, 457.

적인 방식으로 재획득되고 있다는 것을 명확히 알 수 있다. 하이데거는 현재적인 것을 더 이상 절대정신, 절대적으로 투명한 정신의 현실성으로 이해하지 않는다. 오히려 그는 "절대정신, 즉 신을 생생하게 파악하기 위해 지속적으로 고양되는 매개"에 대해 말한다(GA 1, 408). 철학사를 개념적으로 파악하는 것에는 절대자의 현실성이 아니라 절대자로 고양되는 접근만이 있을 뿐이다. 정신의 역사적 전개는 "부단히 성숙해 가는 충만함"일 뿐이며, 그렇다고 할 때 현재는 더 이상 목적과 완성이 아니다. 철학을 사변적 신학으로 번역하는 것을 포기한 하이데거는 철학사에 대한 이해와 마찬가지로 철학에 대한 이해를 바꾼다.

　　그 변화는 특수한 것과 개별적인 것에 착안한 것이다. 철학적 고찰과 개념적 파악의 생생함은 하이데거에게 절대적으로 투명한 자기 의식과 같은 것이 더 이상 아니다. 오히려 그 생생함은 시간적인 유일성과 개별성의 특징을 가지는 것이다. 그것은 항상 역사에 대한 개념적 파악을 과제로 하는 그때마다 지금 현재의 사유이다. 헤겔에서 "개별자의 입각점"은 개별자들이 "장님처럼 […] 전체의 내부에"[8] 있음을 통해 특징지어지는 데 반해, 하이데거는 "살아 있는 정신"의 "근본구조"를 다음과 같은 언급을 통해 규정한다. 그 구조에는 "**행동**의 유일성과 개별성이 살아 있는 통일성을 위한 의미의 보편타당성, 그리고

8】 같은 책, 461.

그것의 즉자적 현존과 연결되어 있다"(GA 1, 410). 현실적인 사유와 체험은 항상 그 수행 또는 "행동"에 있어서 유일하고 개별적이다. 그리고 만약 이러한 수행의 "의미"가 보편타당하다면 항상 그때마다 개체성과 개별자의 보편타당성도 문제가 된다. 여기에서 개별적인 삶의 의미는 하이데거에게 여전히 절대자, 신이다. 절대자의 보편타당성에도 불구하고 절대자는 개별자를 넘어선 사변적 사유에서 접근되는 것이 아니라 개별적으로만 접근될 수 있다. 하이데거가 다가감(Annäherung)이라고 말하는 절대자에 대한 경험은 "개별자 안에 근거하고 있다"(GA 1, 409).

신에 대한 경험, 즉 절대자에 대한 경험을 개별화함으로써 마르틴 하이데거는 가장 근본적인 헤겔의 비판자라고 할 수 있는 종교작가, 쇠렌 키에르케고르와 연결된다. 하이데거는 직접 "원천에 대한 감사의 표시"와 함께 키에르케고르의『그리스도교의 수련』을 인용하는 것으로 1921/22년 겨울학기 강의를 시작한다(GA 61, 182). 그러나 하이데거는 믿음의 개별성에 대한 키에르케고르의 주장을 역사철학에 대한 헤겔적 구상과 결합시키려고 한다. 그는 철학의 철학사를 자신의 과제로 여김으로써 헤겔과 연결되려고 한다. 그 과제는 절대자에 대한 경험에 전적으로 의존하는 것이다. 그리고 그는 종교적 경험, 특히 그리스도교적 경험의 개별성에 대한 키에르케고르의 사유에 방향을 둠으로써 이러한 철학의 철학사를 발전시키려고 한다. 하이데거가 그의 교수자격논문의 마지막 문구에서 제시한 "살아 있는 정신과 행동하는 사랑의 철학, 그리고 존경할 만큼 신을 내면화한 철학"에 대한 계획에 전념할 때, 거기에는 헤겔과 마찬가지로 키에르케고르의 목소리가 함께 울리고 있다(GA 1, 410).

어떻게 이 두 목소리를 함께 실어낼 수 있는가 하는 물음에 대해 하이데거는 그의 교수자격논문에서 어떤 뚜렷한 대답도 제시하지 않고 있다. 여전히 희미한 그의 기획방향에서만 그 대답은 조금이나마 해명될 수 있다. 하이데거의 사유를 다시 기억해 본다면 역사적 정신의 "성숙해 가는 충만함"은 절대정신, 즉 신으로의 접근을 의미하는 것이어야 한다. 그리고 이러한 사유를 철학은 항상 믿음에 대한 본래적이며 유일하게 진지한 개별자의 경험을 제시할 뿐이라는 키에르케고르의 사유와 결합시켜야 한다. 그리고 난 다음에 고유한 실존적 믿음의 경험을 제시하는 헤겔적 의미의 역사철학이 밝혀진다. 종교적 경험의 장소는 철학이 역사적으로 이해되고 수행됨으로써 규정된다.

이것이 구체적으로 무엇을 의미하는지는 교수자격논문의 강독을 통해 드러난다. 거기에서 하이데거가 "중세의 세계관"에 몰두하는 것은 괜한 것이 아니다(GA 1, 409). 세계관과 그것에 본질적으로 담겨 있는 신과의 관련에서 하이데거는 고유한 시간과 반대되는 모습을 본다. 논문의 결론부분에서 그는

"초월자로 확장되는 정신적 삶의 차원에 의해 제한되어 있는" "체험가능성과 체험의 충족"을 지적한다. 이것은 하이데거가 그 성격상 "내용적으로 피상적인 측면"을 가지는 것으로 여겨지는 오늘날의 삶과 대립하는 것이다. 이어서 그는 그것을 해명하기 위해 다음과 같은 말을 덧붙이고 있다. "피상적으로 흐르는 삶의 태도에서 점증하는 불확실성과 전면적인 방향상실의 가능성은 더 커져가며, 실로 한계가 없을 정도이다. 그에 반해 중세의 인간이 살았던 삶의 형식에 속한 근본형태는 이전부터 결코 감각적 현실성의 내용적 측면으로 인해 상실되지 않고, 그것에 고착되지도 않으며, 오히려 바로 이 현실성을 **고착될 필요성이 있는** 초월적 목적의 필연성에 종속시킨다"(GA 1, 409 이하). 우선적으로 이 구절은 현재의 척박함에 대해 의미가 충족된 지나간 삶의 모습을 불러일으키는 그러한 보수적인 문화비판의 한 변형처럼 읽혀진다. 이러한 젊은 하이데거의 숙고에서 사람들은 이후에 그의 원숙한 철학에서 발견되는 모든 계기들을 당장이라도 이끌어낼 수 있을 것 같기도 하다. 그 계기들은 반모더니즘, 문명에 대한 적대감, 비합리주의, 성숙을 위한 계몽을 통해 확보된 삶의 자율성에 대한 유보적 입장과 같은 것들이다.

그러나 이런 계기들이 이미 젊은 하이데거에게 있었다고 단정지을 수는 없다. 그는 중세의 세계관이 현대를 위한 하나의 전형이 될 수 없다는 것을 분명하게 밝히고 있다. 어쨌든

이 "세계관"은 역사연구의 한 대상이다. 그 때문에 하이데거는 그 연구가 특별한 접근의 조건에 종속되어 있다는 것을 알고 있었다. 그 밖에도 그는 현대적 사유방식이 이전의 사유방식과 근본적으로 구별된다는 것도 알고 있었다. 이러한 사실들은 그로 하여금 종교적 경험의 부활만을 주장하는 것으로부터 거리를 두게 하였다. 그에게 중요한 것은 오히려 중세에 대한 역사적 논의를 위한 "고유한 개념적·문화철학적 정초"이다(GA 1, 408). 그리고 이 정초는 지나간 시간에 "적합하게 감정이입하는 이해의 **해명**"을 이끌어낼 수 있을 때에만 도달할 수 있다(GA 1, 408). 그러나 지나간 시간이 현재의 시간과 완전히 구별된다면 이것은 또다시 불가능하게 될 것이다. 더욱이 현재의 시간이 가진 "사상적 환경"은 과거의 환경과 다른 것이다. 그러나 헤겔의 용어로 말한다면 "공동체적 불변성"이 있다. 이 불변성은 살아 있는 정신의 "근본구조"이다. 그러나 이제 그것은 역사적 개별성의 근본구조가 되었다.

하이데거는 그의 논문에서 다룬 중세의 대가 둔스 스코투스가 "예리한 주체 개념을 획득하지는 않았지만, 주체성의 직접적인 삶과 그것에 내재한 의미연관을 분명하게 경청하려는 명민한 성향"을 가지고 있었음을 강조하고 있다(GA 1, 401). 첫 번째 계기에서 볼 때 이것은 다시금 헤겔의 구상을 따르는 것으로 보인다. 만약 현재의 사유가 지금까지 있어온 사유의 결과로서 파악될 수 있다면, 현재에서 "예리하게 개념파악"될 수 있는 것은, 비록 비현실적인 형태일지라도 훨씬 이전에 이미 시야에 놓여 있던 것이어야 한다. 따라서 이것을 정리하기 위해서는 현재의 사유에 대한 명료성이 필요하다. 그러나 하이데거가 역사적 정신의 "성숙해 가는 충만함"을 말할 때, 그에게 현재는 지나간 사유의 목적과 완성이 아니다. 현재의 사유는 권위적인 종교적 언어로 번역되고, 그 자체에서 신이 자신에 대해 가진 앎의 드러남을 특징으로 하는 자기 의식의 절대적인 투명함을 소유하고 있지 않다. 사람들은 절대자에 다가갈 수 있을 뿐이다. 그것에는 다음과 같은 태도가 상응한다. 철학적 작업은 "항상 새롭게 착수하려는 노력"이어야 한다(GA 1, 196). 그 노력은 명백히 "주체성의 직접적인 삶"을 경청하는 것이다.

　　이러한 형태의 철학적 노력을 위해 하이데거는 현재의 "사상적 환경"을 특별히 유리한 것으로 간주한다. "현재의 이론철학에 대한 활발한 문제의식과 그에 상응하여 문제를 극복하려는 힘에서 철학사적 이해가 풍부해지는 동시에 심화된다. 나아가 과제를 극복하려는 절박함은 "중세 스콜라학(Scholastik)의 체계적 형태를 조금이라도 가장 중요한 문제범위에서 포함시켜 다루려는"(GA 1, 204) 관점에서도 고양된다. 그리고 다시금 이것은 주체성의 직접적인 삶을 경청하려는 노력을 목적으로 한다. 나아가 하이데거가 철학의 가능성을 이런 형태에서 판단할 때, 비록 키에르케고르와 상당히 일치한다고 할지라도 철학의 과제가 자기 자신을 지양하는 것에만 있다고 확신하는 것

은 아니다. 하이데거에게 철학은 키에르케고르처럼 믿음의 절
대성에 대한 통찰에 이르는 사다리, 즉 현실적으로 믿음의 도
약을 수행할 준비가 되었을 때 더 이상 필요 없기 때문에 치워
버리는 사다리가 아니다. 오히려 철학적 작업에는 개별적인 삶
이 중시되며, 하이데거가 정리하고 있듯이 이 삶의 근본구조에
는 믿음의 초월적 연관이 놓여 있다. 그리고 더 이상 믿음이 중
시되지 않는 시대에도 바로 그러한 개별적인 삶은 아주 중요한
것으로 진지하게 받아들여진다. 믿음에 이르는 직접적 통로가
더 이상 없다는 확신과 연결되면서 믿음과 종교에 대한 관심은
"주체성"에 대한 관심으로 옮겨간다. 왜냐하면 이 주체성이 역
사에서 믿음을 통해 해명될 수 있었기 때문이다. 철학사에 대
한 철학적 논의에서 삶의 진지함은 이전에 믿음의 진지함이었
던 태도와 함께 제시된다. 철학함의 태도 자체는 역사에서 다
르게, 즉 종교적으로 해명되었던 것으로 접근하는 통로를 개방
한다.

　　　하이데거에게 철학과 역사의 관계는 원칙적으로 헤겔
적 이해에 대립하는 방향으로 움직인다. 철학적 사유에서 보편
자는 더 이상 단순하게 해명되지 않는다. 보편자를 인정할 경
우 모든 특수자와 개별자가 그것의 제한성에서 통찰되고, 단적
으로 보편적인 것, 즉 절대인 것에서 지양될 수 있는 것으로 여
겨진다. 따라서 하이데거는 철학을 사변적 신학으로 번역하려
는 것에 대해 조금의 여지도 허용하지 않는다. 오히려 철학적

사유에서는 특수자가 해명된다. 그때마다의 고유한 특수성 속에 철학이 깊이 내재하면 할수록 철학의 해명 가능성은 더 커진다. 그러나 이 특수성은 항상 역사적인 것, 즉 규정된 역사적 상황의 특수성이다. 그렇다면 철학도 항상 역사적으로만 해명될 수 있다. 철학은 그 자체로 항상 역사적 이해구조에 대한 하나의 역사적 해명이 된다. 철학은 특수한 삶에 대한 해명이다. 거기에서는 특수성의 보편적 구조에 대한 해명이 중시된다.

확실하게 하이데거는 초기에 이러한 문제의식을 가지고 작업을 하였다. 키에르케고르가 『죽음에 이르는 병』에서 "자아"라는 개념 아래 연구한 것은 개별성의 근본구조 이외에 다른 것이 아니다. 역사적 이해가 과거의 특수자를 절대적 자기 의식의 보편성으로 지양하는 것이 아니라는 통찰도 하이데거가 결코 처음 대하는 것이 아니었다. 하이데거는 그것을 알고 있었으며, 그 사실을 명시적으로 고백하고 있다. 1919년 여름학기 강의에서 그는 역사고찰을 위해 "개별자에 대한 파악의 의미를 중시한 것"이 빌헬름 딜타이의 성과라고 강조한다(GA 56/57, 164). 그리고 그는 짧게 딜타이의 『정신과학 입문』의 구절을 인용한다. 이 구절은 그동안 철학의 철학사를 위한 하이데거의 단초를 그의 구상에 맞게 정식화한 것으로서 읽혀질 수 있다. "자기 성찰에서만 우리는 우리 안에 있는 삶의 통일성과 그것의 연속성을 발견한다. 그것은 [지나간 정신적 삶의 형식들의] 모든 연관을 담아 유지하고 있다"(GA 56/57, 164). 그럼에

도 불구하고 이러한 자기 성찰은 하이데거에게 믿음에서 인도
된 삶의 진지함과 통일성과의 대결, 그리고 자신의 고유한 시
간은 더 이상 믿음에 속하지 않는다는 통찰과의 대결을 특징으
로 한다. 결국 하이데거의 철학적 작업은 종교적 경험과 연관
되어 있으며, 역사적으로 해명되는 철학에 대한 물음에서 생겨
난다.

아리스토텔레스에게 되물음

　　하이데거가 그의 사유를 위한 동기를 어떻게 이끌어냈
으며, 어떻게 거기에서 독자적인 문제제기에 도달했는지 알기
위해서는 시기적으로 훌쩍 뛰어 1922년으로 가볼 필요가 있다.
이 해에 『아리스토텔레스에 대한 현상적인 해석』이라는 제목
을 가진 문헌이 그의 계획에 따라 생겨났다. 이 문헌에 대해서
는 짧게 다루고 지나가야 할 이야기가 있다. 하이데거가 이 문
헌을 집필하게 된 것은 마르부르크 대학, 또는 괴팅엔 대학의
교수 임명과 관련이 있다. 그의 교수자격논문 이후 하이데거는
아무 것도 출판한 적이 없었다. 이러한 상황은 임용 책임을 맡
은 사람들의 결정을 어렵게 만들었다. 이 문제를 해결하기 위
해 그는 계획된 아리스토텔레스–책의 초안을 작성하였다.[9] 앞
의 제목은 그 초안에서 채택된 것이다. 괴팅엔 대학에서 거부된

하이데거의 임용은 마르부르크 대학에서 받아들여졌다. 1923
년 여름에 하이데거는 대학 정교수의 지위와 권한을 가진 부교
수에 초빙되었고, 1923/24년 겨울학기에 마르부르크 대학의 교
수로 등단하였다.

　　하이데거는 이 문헌을 집필하면서 그동안 해온 강의들
을 되돌아보고 개념들을 더욱 더 예리하게 다듬었다. 그리고 그
는 그 강의들의 사유맥락을 철저하게 정리하면서 자신의 사유

9] **역주**_ 아리스토텔레스—책의 초안은 이 책에서 "기획초안"이라는 제목으
로 인용되고 있다. 무엇보다도 G. 피갈은 이 책에서 이 기획초안을 하이데
거 전기 철학을 이해하는 데 가장 중요한 단서로 여기고, 그것이 하이데거
사유 전체에서 가지는 의미를 철저하게 해명해 주고 있다. 이 기획초안에
서 사람들은 하이데거의 『존재와 시간』의 전체 구상을 앞서 예상할 수 있
다. 그리고 기획초안이 발견됨으로써 이전 하이데거 연구에서 고려되지
못한 그의 고유한 철학적 단서들이 아리스토텔레스 철학의 해체와 연관
하여 전개되고 있음을 사람들은 알게 된다. 이미 1921/22년 겨울학기 강
의에서 하이데거는 아리스토텔레스를 실존과 삶의 세계에 대한 분석에서
해석하는 첫 번째 시도를 수행하였다. 그러나 이 강의는 삶의 "범주"에 대
한 도입부에서만 간단히 아리스토텔레스를 언급하고 본격적인 해석은 하
지 않고 있다. 오히려 그 해석은 1922년 당시 출판되지 않은 "나토르프—
보고서"로 알려진 원고에서 집중적으로 다루어졌다. G. 가다머에 따르면
하이데거는 위의 본문에서 제시하고 있는 것처럼 교수직 임용을 위해
1922년 마르부르크 대학의 P. 나토르프(Natorp)와 괴팅엔 대학의 G. 미쉬
(Misch)에게 「해석학적 상황에 대한 게시」라는 부제가 달린 그의 아리스
토텔레스—책의 초안 원고를 보낸다. H.-G. Gadamer, Heideggers "theolo-
gische" Jugendschrift, in : *Dilthey-Jahrbuch für Philosophie und Geschichte der
Geisteswissenschaften*, 6(1989) 228-234 참조. 이 원고는 현재 『딜타이-연감』
에 실려 있다. "Phänomenologische Interpretation zu Aristoteles. Anzeige der
hermeneutischen Situation"(1922), in : *Dilthey-Jahrbuch*, Hrsg. von Frithjof
Rodi. Göttingen(Bd. 1. 1983-) 6(1989) Hrsg. von Hans-Ulrich Lessing.
237-274.

의 윤곽을 치밀하게 드러내는 데 성공한다. 이 문헌은 이전의 것을 단지 반복하는 것이 아니었다. 여기에 압축된 사유는 바로 『존재와 시간』의 맹아를 보여주고 있다. 따라서 기획초안에 대한 해석을 통해 사람들은 이미 체계적이고 거대한 기획으로 전수되고 있을 뿐만 아니라, 거기에 풍부하게 전개되고 있는 본질적인 규정들을 만날 수 있다. 다른 한편에서 볼 때 『존재와 시간』의 단초는 그 초안의 단초와는 현저하게 구별된다고도 할 수 있다. 이러한 과정을 거쳐 발전되어 온 개념들과 더욱 더 근본적으로 친숙해질수록 사람들은 하이데거의 첫 번째 주저가 가진 독특함을 더 잘 이해할 수 있게 된다.

　　　하이데거가 도대체 어떻게 아리스토텔레스에 대한 거대한 작업에 착수하게 되었는지에 대한 물음은 표면상으로도 쉽게 대답될 수 있다. 그가 그렇게 할 수 있었던 것은 「현상학으로의 길」에서 자주 인용되는 하이데거의 보고에 따르면, 「아리스토텔레스에서 존재자의 다양한 의미에 관하여」(1862)라는 프란츠 브렌타노의 논문 때문이었다. 이 논문은 그에게 "처음 서투르게 철학으로 돌입하려는 최초의 시도를 위한 척도와 지팡이"의 역할을 하였다(SD 81). 그리고 이 가톨릭 신학생에게 아리스토텔레스는 자연스럽게 아리스토텔레스의 연구자, 토마스 폰 아퀴나스와 연결되어 그의 학업의 중심을 형성했을 것임에 틀림없다. 둔스 스코투스의 범주론과 의미론의 연구자에게는 당장 아리스토텔레스 철학의 중심적인 의미가 눈에 들어

올 수밖에 없었다. 교수자격논문에서도 정식화했던 것처럼 당시 하이데거에게는 "살아 있는 정신"에 대한 해명을 제대로 이해하기 위해 스콜라학적 사유의 분명한 형태를 되묻는 것이 중요했다. 기획초안은 다음과 같은 내용을 담고 있다.

> 후기 스콜라학의 신론, 삼위일체론, 창조론, 죄론, 은총론은 토마스 폰 아퀴나스와 보나벤투라가 제시한 개념적인 수단을 통해 연구된다. 그러나 이것은 모든 신학적인 문제영역에 이미 놓여 있는 인간과 삶의 현존재에 대한 이념이 아리스토텔레스의 '자연학', '심리학', '윤리학', '존재론'에 근거하고 있다는 사실을 의미한다. 거기에서 정해진 선택과 해석을 통해 아리스토텔레스의 근본이론들이 가공된다. […] 중세의 철저한 연구는 그 주도적인 관점에서 볼 때, 신스콜라 신학의 형식주의와 신스콜라학적으로 완성된 아리스토텔레스주의의 틀에서 전개되었다. 이를 위해서는 규정적으로 매개되는 삶의 해석으로서 중세 신학의 학문구조와 그것의 주석과 해석을 이해하는 것이 우선 중요하다(PA 250).

그렇다고 해서 하이데거가 "주체성의 직접적인 삶"을 강조했던 교수자격논문과 전혀 다르게 "중세의 세계관"을 연구하려는 것은 아니다. 심지어 그는 교수자격논문에서 다룬 대가[둔스 스코투스] 역시 거기에 속해 있는 후기 스콜라학을 여전히 "삶의 해석"으로서, 즉 규정된 방식에서 해명될 수 있는 체험된 삶의 한 방식으로서 여긴다. 그러나 강조점은 이제 이 삶의 해석이 "규정적으로 매개된다"(bestimmt vermittelt)는 거기에 놓여 있다. 삶의 해석은 단순히 주체성의 직접적인 삶을 경청하는 것에서 생겨나는 것만이 아니라 본질적으로 전통에 기인한다. 사유의 형태가 전통에 매여 있다는 것을 투명하게 드러내기 위하여 사람들은 그런 형태를 특징으로 하는 사유방식으로 향할 것이 아니라 그 뒤로 소급해서 물어야 한다. 만약 인간과 삶의 현존재에 대한 스콜라학적 이념이 아리스토텔레스의 철학에 근거하고 있다면, 그 이념을 파악하기 위하여 아리스토텔레스에게 소급해 가는 것이 요구된다.

　　그러나 만약 중세의 사유가 전통에 의해 매개된 것이라면, 그것은 현재의 삶에 대한 해명을 단절되고 잘못된 삶의 해석으로 파악할 수도 있다는 것을 시사한다. 사실상 하이데거의 기획초안이 가진 특징은 결정적으로 "현재의 이론철학에 대한 활발한 문제의식"과 그것에 상응하는 힘의 관점에서 낙관주의가 다시 받아들여지고 있다는 점이다. 이것은 철학이 "대부분 비본래적으로 그리스적 개념성에서" 움직이고 있으며, "심지어 다양한 해석의 연결고리를 통해 이어져 내려오고 있는" 한, "현대적 상황의 철학"도 중세의 철학과 다르지 않다는 것을 말한다. 하이데거의 말처럼 여기에서 "근본개념들은 […] 분명하게 경험된 대상영역들로 규정되어 할당된 근원적인 표현기능을 상실"하게 되었다(PA 249). 근본개념들은 더 이상 생생한 삶에 대한 직접적인 해명이 아니다. 그것들은 전승되면서 독립되어 그림자 같은 방식으로 자신의 고유한 생명을 유지한다.

만약 사람들이 이러한 것을 알게 된다면 삶의 근본구조를 파악하는 현재의 철학을 더 이상 신뢰하지 않을 것이다. 그리고 만약 오늘날의 철학이 "비본래적으로" 거기에서 움직이고 있는 "그리스적 개념성"이라는 것이 있다면, 사람들은 전수된 개념들의 그림자 왕국에 몸을 담지 않고서는 그리스 이후 어떤 철학의 구상과도 연결될 수 없을 것이다. 기획초안의 입장에서 말한다면 하이데거도 헤겔을 소환하는 것이 불가능했을 것이다. 그렇다면 오히려 이제 중요한 것은 현재의 철학 역시 여전히 거기에 속해 있는 그리스 이후의 전통을 근본적으로 묻는 것이다. 그리고 그것이 아리스토텔레스에게로의 방향전환을 요구하는 한, 그의 전통에 맹목적으로 종속되기를 원하지 않는 현재의 철학함은 아리스토텔레스–해석을 통해서만 가능하다.

왜 하이데거가—이후에도 마찬가지로—플라톤이 아니라 아리스토텔레스를 선택했는가에 대한 이유는 거기에 명확히 제시되고 있지 않다. 플라톤에 대한 아리스토텔레스 철학의 의존성이 그 한 이유로서 제시될 수도 있을 것이다. 그리고 아리스토텔레스가 "이전에 있었던 철학을 완성하고 구체적으로 형식화"(PA 251) 한 사람이며, 따라서 그리스의 사유가 그의 책에 가장 풍부하게 해명되어 있다는 것도 그 이유가 될 수 있다. 마찬가지로 아리스토텔레스가 "그의 '자연학'에서 원칙적으로 새로운 근본단초를 획득하였다"는 사실도 그 이유에 포함될 수 있다. "그 근본단초에서 그의 존재론과 논리학이 생겨났고, 이것들에 의해 […] 그후 철학적 인간학의 역사가 완성되었다"(PA 251). 그러나 하이데거에게 결정적으로 중요한 것은 "원칙적으로 새로운 근본단초"를 통해 아리스토텔레스가 삶의 근본구조에 대한 통찰을 획득하였다는 사실이다. 하이데거가 볼 때 삶의 근본구조를 파악하는 데 적합한 근본개념들을 이끌어내고, 그 근본개념들이 "분명하게 경험된 대상영역들로 규정되어 할당된 근원적인 표현기능"을 상실하지 않은 상태로 있던 철학자는 다름 아닌 아리스토텔레스였다. 하이데거에게 있어서 아리스토텔레스는 그의 문헌을 통해 "인간과 삶의 현존재에 대한 이념"을 직접적이고 본래적으로 드러낸 철학자이다.

　　인간과 삶의 현존재에 대한 이념을 제시한 아리스토텔레스의 파악은 그 근본구조에서 현실적으로 삶에 적합한 것이다. 그 근본구조에서 삶은 아리스토텔레스의 규정과 기술에서 마치 그 자체에서 스스로 나타나는 것처럼 자신의 표현을 발견한다. 그 자체에서 스스로 나타나는 것은 그리스어로 "파이노메논"(phainómenon)이다. 이렇게 볼 때 아리스토텔레스의 철학은 "근본적으로 현상학적 인간학"이다(PA 251). 아리스토텔레스의 문헌들은 비록 전승된 과거의 문헌들이지만, 그것에 대한 해석에서 현재의 철학함 자체가 삶에 대한 해명으로서 이해될 수 있다.

2. 철학과 역사 🌱

초안의 기획을 좀 더 세밀하게 살펴본다면, 거기에는 나중에 그것을 읽게 될 독자를 위해서 아리스토텔레스의 문헌들을 어떻게 읽고 그리고 그것들에서 무엇을 이해해야 하는지에 대해서는 해명을 하지 않고 있다. 그러나 아리스토텔레스의 문헌들이 본래적인 규정과 기술로서 여겨질 수 있기 위해서는 거기에서 이해되어야 할 것, 즉 삶의 근본구조가 제대로 이해될 수 있어야 한다. 만약 현재의 철학이 아리스토텔레스 이후의 모든 전통처럼 표현기능을 상실한 개념의 그림자 왕국에서 움직인다면 그와 같은 삶의 근본구조에 대한 이해도 결국 불가능할 것이다. 그렇기 때문에 전승된 개념들은 모든 독립성에도 불구하고 적어도 일말의 사태 연관성을 유지해야 할 것이다.

그러나 하이데거는 사실상 철학의 근본개념들이 그 근원적인 표현기능을 상실했으며, 그 근본구조를 있는 바 그대로 해명할 만큼 삶이 거기에서 더 이상 표명되지 않고 있다고 확신한다. 하이데거는 계속해서 다음과 같이 말한다. "그것들[근본개념들]이 겪어온 모든 유추와 형식화에도 불구하고 […] 규정된 유래의 특성은 면면히 유지되고 있다. 그리고 그것들에서 대상적 원천으로 접근하는 의미의 방향이 여전히 증명될 수 있는 한, 그것들은 아직 그 자체로 근원적인 의미가 담긴 진정한 전통의 한 조각을 포함하고 있다"(PA 249). 여기에서 하이데거가 말하는 "대상적 원천"이란 우선적으로 나타날 수 있는 근본구조에서의 삶 자체는 아니다. 오히려 이 근본구조에 대한 해명은 아리스토텔레스의 저서들 안에 있다. 이후의 근본개념들이 아리스토텔레스의 철학을 해명하고는 있지만, 그것들은 아리스토텔레스의 철학으로부터 **유래한** 것이다. 하이데거가 기획 초안에서 아리스토텔레스에게 귀속시키고 있는 유일한 의미는 아리스토텔레스의 철학이 이후에 오는 모든 철학의 시원이라는 거기에서만 근거를 가진다. 시원에는 아직 어떤 전통도 없었다. 처음으로 시작하는 철학의 근본개념들은 아직 스스로 독립할 수도 없었고, 표현기능을 아직 상실하지 않은 상태였다. "원칙적으로 새로운 근본단초"의 사태성은 이미 그 시원성에 의해 보증된다. 시원적인 것만이 삶 자체의 참된 표현이고, 삶의 근본구조에 대한 본래적인 기술이 될 수 있다.

　　이러한 사유는 철학과 역사의 관계를 규정하기 위해 결정적으로 중요한 일관성을 갖는다. 삶을 그 근본구조에서 해명하는 것으로 이해되어야 하는 철학은 역사철학을 통해서만 가능하다. 하이데거가 그의 기획에서 말하는 것처럼 "철학적 탐구"는 "근본적인 의미에서 '역사적' 인식"(PA 249)이며, 나아가 "철학적 탐구가 그것이 주제로 삼은 것(thematisches Worauf)의 대상양식과 존재양식"을 이해한다고 했을 때 "주제로 삼는 것"은 여전히 근본구조 안에 있는 삶이어야 한다.

　　그러나 하이데거의 기획초안에 따라 철학이 되어야 할 "역사인식"은 특별한 방식에서 "역사적인 것"이다. 그것은 임의의 모든 대상으로 향하면서 과거를 바라보는 철학적 시각과

는 관계가 없다. 마찬가지로 이러한 형태의 역사인식은 헤겔의
철학사의 의미에서도 가능한 것이 아니다. 심지어 이때부터 처
음으로 철학과 역사의 관계에 대한 하이데거의 구상은 현실적
으로 헤겔의 모델과 대립되는 형태를 띠게 된다. 하이데거의 구
상에서 현재가 당장 불투명성을 통해 특징지어지는 한, 사람들
은 헤겔의 모델과 반대되는 것과 관계하게 된다. 과거는 더 이
상 그 자체에서 투명한 현재의 자기 의식과 연관될 수 없다. 오
히려 현재는 그것에 고유한 어둠의 해명을 여전히 과거를 바라
보는 시각으로부터만 기대할 수 있다. 사람들은 철학적 전통의
시원을 확보해야 한다. 그것은 전통 자체로부터 이 시원을 지
시함으로써 가능하다. 역사적–철학적 탐구는 "전래되어 온 지
배적인 해석학적 상황을 은폐된 동기, 비명시적인 경향과 해석
방식에 따라 느슨하게 하고, 허물며, 해명을 위한 근원적인 동
기의 원천으로 소급해 가는 일을 제시하는 것"이다(PA 249). 역
사적–철학적 탐구는 전통을 시원으로까지 소급·추적함으로
써 전통에 있는 근본개념들의 독립성을 허무는 것(abbauen)이
다. 하이데거는 이러한 방식을 해체(Destruktion)라고 명명한다.
그에게서 이 해체는 모든 철학적 작업에서 구속력을 가지는 것
이다.

　　시원으로까지 거슬러 올라가 전승된 것을 해체하려는
철학사의 기획에서 하이데거는 이미 교수자격논문에서 표명한
사유, 즉 전승된 것의 이해는 항상 특수하고 개별적인 것으로

파악되어야 한다는 사실을 염두에 두고 있다. 그러나 이해의 특수성과 개별성이 규정되었다고 해서 결코 이해가 되는 것은 아니다. 독립되어 전승된 개념들과 사유방식들에 의해 각인된 현재의 삶은 그 근본구조에서 당장 이해되지 않는다. 우선적으로 제시되는 것처럼 삶은 그때마다 특별한 전승의 상황에 의해 특별하게 각인되어진 삶이다. 그때마다 전승의 상황, 즉 전래된 개념들과 사유도식에서 현재의 삶이 해명되는 방식은 필연적인 것으로 인식될 수 없고, 오히려 그때마다의 역사성에서만 통찰될 수 있다. 그것에 대해 기획초안은 다음과 같이 언급하고 있다. "철학적 탐구는 그 존재의 성격에 따라 한 '시대'를—그것이 단지 교육적인 면에서 고려되지 않는 한—결코 다른 시대로 대체할 수 없는 그런 것이다. 그렇다고 해서 그것을—그것은 자신과 자신의 가능적인 실행의미를 인간 현존재에서 이해해 온 것이다—다가오는 시대에 근본적인 물음의 부담과 염려를 경감시켜 줄 수 있는 것이어야 한다는 주장을 통해 부각시키려고 해서는 결코 안 된다"(PA 238). 철학은 시간의 근본적인 현재성을 통해 역사적으로 규정된다.

　　그러므로 하이데거가 의미하는 철학사는 결국 계속해서 전승을 다르게 강조하여 각색해 놓은 단순한 연결이 아니다. 현재로부터 소급하여 전승의 시원에 대하여 물을 수 있는 철학적 가능성이 있고, 동시에 이렇게 되물음을 통해 현재의 철학함이 표현기능과 사태성을 가진 철학적인 개념들을 능가할 수 있다면 본질적으로 철학사는 방금 위에서 말한 그런 것이어서는 안 된다. 전승의 시원을 되묻는다고 해서 전통과 더 이상 관계없는 것처럼 시대를 건너뛰어 전승을 간과해도 된다는 그런 뜻은 아니다. 더욱이 하이데거에게 전승에 대한 해체의 기획은 전승에 대한 비판을 포함한다. 그러나 이 비판은 궁극적으로 전승 그 자체에 대한 것이 아니라 현재의 삶 안에서 그것이 작용하는 역할에 대한 것이다. "이미 해체의 구체적인 실행을 통해서만 생겨나는 비판은 우리가 전적으로 전통 안에 있다는 사실에서가 아니라 그 방식에서 중요하다"(PA 249 이하). 전승의 시원으로 향하는 "해체적" 소급은 지나간 것에 대한 관점에서가 아니라 현재에 대한 관점에서 비판적이다. 하이데거가 말한 것처럼 "역사의 비판은 항상 단지 현재의 비판일 뿐이다"(PA 239). 여기에서 전통과 그것이 시원과 맺는 "해체적" 연관은 동시에 거기에서 현재가 비판적으로 가늠될 수 있는 척도이기도 하다. 통찰되지 않은 전통에 사로잡힌 현재에 대한 비판은 전승의 시원으로 소급함으로써만 가능하다. 이것은 동시에 그러한 척도를 개방시키는 비판의 해명을 통해 전승에 사로잡힌 현재가 극복된다는 뜻이기도 하다. 이를 통해 현재의 삶 자체는 자신에게 투명해진다. "해체는 […] 현재가 그 자신과 그의 고유한 운동성에서 만나도록 하는 본래적인 방법이다. 그렇게 함으로써 현재 자체가 얼마나 광범위하게 철저한 근본경험의 가능성과 그 해석의 자기 점유를 고려하고 있는지에 대한 지속적인 질문이 역사로부터 생겨나게 된다"(PA 249).

　　이 구절을 더 정확하게 읽어보면, 그것은 하나의 집중적인 요약으로서 철학사 전체에 대한 하이데거의 구상을 드러내고 있다. 시원에까지 이르는 전통이 해체됨으로써 사람들은 단순히 전승되는 동시에 독립된 개념들에 의해 사로잡힘으로부터 해방될 수 있게 된다. 심지어 거기에서 사람들은 표현기능과 사태성을 가진 개념들에로의 접근을 발견할 수 있을 뿐만 아니라 전통에 사로잡힘과 그것으로부터의 해방, 이 두 가지가 가능하다는 것을 이해하게 된다. "근본 운동성"에 대한 하이데거의 언급은 사로잡힘과 해방의 상호작용과 관련되고 있다. 그와 함께 사로잡힘과 해방은 단순히 어떤 상태가 아니라 삶의 수행방식이라는 것도 언급되어야 한다.

　　하이데거는 전통의 시원에 대한 되물음을 동시에 그 전통에 사로잡힘에 대한 경험으로 이해함으로써 해체를 그 속에서 사람들이 자기 자신을 경험하는 하나의 경험으로서 해명한다. 이에 따라 시원에 대한 되물음은 이제 진정한 표현기능과 사태성을 가진 지식으로 획득되고, 그것에 대한 기술을 떠맡게 된다. 시원에 대한 되물음은 철학적 이론의 전개가 아니다. 시원에 대한 물음은 오히려 묻는 사람 그 자신에게 물음을 제기하는 것이다. 그 물음은 묻는 자를 "철저한 근본경험의 가능성과 그 해석의 자기 점유"를 "고려"하는 도전에 직면하게 한다. 다시 말해 그 물음은 삶이 다시금 직접 표현되고, 삶에 상응하는 기술의 사태성이 고유하게 드러나는 철학함을 요구한다.

　　이렇게 볼 때 하이데거는 주체성의 직접적인 삶을 경청하려던 초기에 가졌던 그의 동기를 포기하지 않았다. 그러나 이제 그에게 그러한 경청함은 전통의 시원을 경청할 때에만 가능한 것이다. 이와 같은 경청함은 다시금 시원에 있었던 사유에 예속되는 것과는 완전히 다르다. 그렇지 않다면 그 경청함은 전통에 사로잡힘과 구별되지 않을 것이다. 이제 그 경청함은 오히려 살아 있는 고유한 사유로 나아가는 것이다. 과거의 철학함이 나중에 올 현재에 대해 현실적으로 말할 수 있고, 독립된 개념들에 의한 현재의 해명을 극복할 수 있는가 하는 여부는 본질적으로 과거의 철학함이 살아 있는 고유한 사유가 되도록 이후의 사람들에게 도전을 줄 수 있는가에 달려 있다. 이 도전이 성취되어 이후의 사유가 진정한 모습으로 이전의 사유에 의해 언급될 수 있을 때, 이후에 오는 사유는 그 표현기능을 재획득할 수 있다.

　　철학이 그의 개념들의 표현기능에 상응하는 바로 거기에서, 철학은 그 자신의 특수성에서 해명된다. 그러나 그 자체에서 볼 때 특수자는 서로 분리되고 구별된 것이다. 그리고 구별되는 그 특징을 시간적 관점에서 표현해 본다면 특수자는 현재의 것과 구별되는 과거의 것이다. 전통의 시원, 즉 아리스토텔레스도 마찬가지로 예외 없이 지나간 것의 특수성을 가진다. 하이데거가 시원의 철학에 표현기능을 강하게 귀속시키는 한,

아리스토텔레스도 이 특수성에서 예외가 될 수는 없다. 아리스
토텔레스의 철학이 표현으로서 이해되어야 하는 한, 그의 철학
은 지나간 것이며, 단순히 전수될 수 없다. 전통의 시원에 속하
는 특수성에 대한 통찰조차 하이데거에게는 "역사의 자기 점
유"라는 본질적인 측면을 형성한다. 이것은 다음과 같은 것을
의미한다.

> 근본적인 이해란 그때마다 규정되어 지나간 철학적 탐구를 그
> 상황에서, 그리고 그것을 근본적으로 고려하면서 제시하는 것이다.
> 다시 말해 **이해한다**는 것은 단지 확립된 지식을 획득하는 것이 아
> 니라, 가장 고유한 상황의 의미에서 이해된 것을 그 상황을 위해
> 근본적으로 반복하는 것이다. 그러나 그 이해는 정리들, 명제들, 근
> 본개념들, 원칙들을 전수한다고 해서, 그리고 어떤 방식으로 그것
> 들을 갱신한다고 해서 결코 일어나지 않는다. 자기 자신이 문제가
> 되고 있는 이해의 전형을 획득하려면 원래 그 전형을 가장 예리한
> 비판에 직면하도록 해야 하며, 결실을 맺을 수 있도록 하는 가능적
> 인 대립을 형성해야 한다. 있는 바 그대로, 항상 고유한 것으로서의
> 현사실적 현존재는 공상적인 과제만을 염려하는 어떤 보편적인 인
> 간성에 속한 일반 현존재(Überhauptdasein)가 아니다(PA 239).

이 구절을 진지하게 받아들인다면 사람들은 하이데거가
삶의 근본구조에 대한 보편적인 규정들을 단순히 아리스토텔
레스의 규정으로부터 읽어낼 것이라고 그에게 기대해서는 안

된다. 물음으로 제기되고 있는 "현사실적 현존재"의 특수성에 상응하려면 오히려 독특한 그 낱말의 의미 그대로 그 구조의 "독자적인" 해명, 즉 고유한 근본개념들을 형성하는 것이 요구된다.

그러나 이 "현사실적 현존재"는 근본구조를 가지고 있으며, 또한 보편적으로 기술되고 규정될 수 있다. 이때 사람들은 다음과 같이 물어야 할 것이다. 기술하는 모든 것이 이미 특별히 "현사실적 현존재"가 동시에 거기에서 발언되고 표현된다는 사실에만 놓여 있다고 한다면 어떻게 그러한 보편성이 언급될 수 있는가? 방금 하이데거의 기획초안에서 인용한 구절을 따른다면, 그러한 보편성은 지나간 개념들을 변화시키는 갱신을 통해서도 가능하지 않다. 하이데거가 아리스토텔레스에게 되묻는 것은 이전부터 자유롭게 해석되어 온 아리스토텔레스주의를 옹호하려는 것이 아니다. 오히려 사람들은 "결실을 맺을 수 있도록 하는 가능적인 대립"을 형성하는 "가장 예리한 비판"에서만 아리스토텔레스에 대한 기술과 규정에 상응할 수 있다. 이 대립은 다시금 개념적인 양자택일, 또는 개념적인 우위의 성격을 가져서는 안 된다. 모든 특수성에도 불구하고 아리스토텔레스의 철학은 하이데거에게 전통의 시원으로서 구속력을 가진 것이다. 기획초안에서—아직—하이데거는 아리스토텔레스의 구상이 포함될 수 있는 현사실적 현존재의 근본구조에 대한 자신의 구상을 발전시키려는 의도를 가지고 있지 않다.

따라서 하이데거가 말하는 "결실을 맺을 수 있도록 하는 가능적인 대립"도 "첫 번째 시원"과 "새로운 시원"의 풀리지 않은 긴장에서만 존속할 수 있다. 새로운 시원에서 첫 번째 시원을 "반복하는 것"이 중요하다

　　"첫 번째 시원"과 "새로운 시원"은 역사인식의 운동에 놓여 있는 동기들이다. 그 인식은 새로운 시원의 사태와 마찬가지로 첫 번째 시원의 사태가 담겨 있는 물음의 수행이다. 사람들이 현재의 상황에 만족하려고 하지 않을 때 물음은 다시금 요구된다. 사람들이 만족할 수 없는 이유는 그 상황이 개념들의 그림자 왕국에 속한 하나의 변방이기 때문이다. 그림자가 그 상황에 드리워져 있다는 것이 여전히 암시되고 있는 한, 현재의 상황은 결국 그러한 변방으로 이해될 수 있다. 독립된 개념들은 "아직 그들의 근원적인 의미를 가진 진정한 전통의 한 조각"을 동반한다―그 개념들은 그것들의 시원을 소급해서 지시하고 있다(PA 249). 철학적 물음 자체에는 삶의 "근본 운동성"이 나타난다. 하이데거는 역사인식의 수행을 고려함으로써 삶의 근본구조를 규정하는 데 성공한다. 방법, 즉 역사인식의 수행은 대상이며, 대상, 즉 역사인식의 수행은 방법이다. 헤겔도 그렇게 말할 수 있었을 것이다. 그러나 여기에서 하이데거의 구상은 다음과 같은 이유에서 헤겔과 구별된다. 즉, 지나간 것과 현재하는 것, 시원과 반복이 특수성 안에 존립하고 있으며, 그것들은 서로 구별되고, 역사인식의 긴장을 형성한다. 특

수자의 반작용 속에, 그 속에만 보편자는 놓여 있다.

하이데거가 그의 기획초안에서 발전시킨 삶의 구조에 대한 규정들을 역사인식의 해명을 통해 발견했다면, 그가 도입한 개념들도 역사인식 자체의 수행과 연관되어짐으로써 이해될 수 있어야 한다. 그 개념들 중에 가장 중요한 것은 역사인식 자체의 수행에 대한 하이데거의 개념, 즉 "현사실성의 현상학적 해석학"이다(PA 247).

기획초안에서 이 개념은 더 이상 자세히 해명되고 있지 않기 때문에 그 개념을 알기 위해서는 기획초안의 집필 후 몇 년 지나지 않아 하이데거가『존재론(현사실성의 해석학)』(GA 63)이라는 제목으로 개설한 1923년 여름학기 강의를 살펴볼 필요가 있다. 이 강의를 기획초안과 그 이전의 강의『아리스토텔레스에 대한 현상학적 해석』(GA 61)과 비교해 본다면, 하이데거가 우선적으로 직관의 성격만을 가진 사유의 연관을 완성하는 데 어떻게 성공할 수 있었는지에 대한 뚜렷한 증거가 제시된다.

현사실성의 현상학적 해석학, 이 개념을 사람들은 위의 인용에서 마지막으로 언급된 낱말에 관심을 가짐으로써 가장 잘 이해할 수 있다. 특히 이 낱말은 "현사실적 현존재"에 대한 언급에서 이미 한 번 마주친 적이 있다. 하이데거는 강의를 시작하면서 곧바로 다음과 같이 말한다.

현사실성은 '우리의' '고유한' 현존재의 존재성격에 대한 표현이다. 더 정확하게 말해 이 표현은 현존재가 **존재에 적합하게** (seinsgemäß) 그의 존재성격에서 '거기' 있는 한, **그때마다** 그렇게 현존재함을 의미한다. ('그때마다'의 현상. 잠시 머무름, 떠나지 않음, 거기-곁에, 거기-있음 참조) **존재에 적합하게** 현존재한다는 것은 일차적으로 직관이나 직관적인 규정의 **대상**으로서, 그에 대한 단순한 지식획득과 지식전달의 대상이 결코 아니다. 오히려 그것은 현존재가 가장 고유한 그의 방식으로 거기 그 자신에게 있다는 것을 말한다(GA 63, 7).

압축되어진 이러한 규정을 지금까지 논의한 것을 통해 상세한 계기들로 풀어내고 명료하게 하는 일은 그렇게 까다로운 것이 아닐지도 모른다. 하이데거는 "현사실성"의 개념을 "그때마다"(Jeweilig)라는 개념을 통해 해명하고 앞서 이미 다루었던 그때마다의 상황, 그때마다 규정된 고유한 삶의 시간에 대한 사유와 그것을 연결한다. 우리가 우선 "존재"하고, 그 다음에 규정된 시간으로 존재하는 것이 아니라, 오히려 규정된 시간으로 존재하는 것이 우리의 존재를 형성한다. 그러므로 "현사실성"이라는 용어는 시간적 관점 속에 있는 고유한 삶의 특수성을 지시하고, 이 특수성이 더 이상 배후로 돌아가 제시될 수 없다는 것을 지시한다. 특수성은 확정 가능한 사실(Tatsache)의 의미에서가 아니라, 오히려 벗어날 수 없는 그때마다의 특수성이 선택되지 않았다는 의미에서 하나의 현사실(Faktum)이다.

이와 연관하여 사람들은 "현존재" 개념의 의미를 이전 강의들과 그 문제를 다룬 초안에서 용어의 성격을 아직 명백히 가지지 못하고 다소 "삶"이라는 표현과 같은 의미로 적용되었던 것으로 이해하기도 한다. 그러나 사람들은 위의 인용문이 제시되었던 강의에서 이미 "삶"에 대해 "현존재" 개념이 더 강조되고 있다는 것을 알 수 있다. 이 강조는 1925년 여름학기 강의 『시간 개념의 역사에 대한 서설』을 통해 최종적으로 확인되고 있다. "현존재"는 분명하게 강조되고 있는 우리의 존재방식에 대한 하이데거의 개념이다. 현존재는 일단 먼저 부정형(Infinitiv)으로 읽혀야 한다. 이 부정형의 의미를 명확히 하기 위해 사람들은 한번 더 "삶"이라는 표현으로 되돌아가 볼 필요가 있다. 삶의 부정형은 삶을 살아가는 한에서만 삶이 있다는 사실을 부각시키는 것이어야 한다. 부정형은 우리의 존재방식에서 우리가 일차적으로 앞서 놓여 있는 어떤 것, 존속하는 어떤 것이 아니라 하나의 운동성이라는 것을 나타낸다. 사람들은 기획 초안에서 제시되었던 삶의 "근본 운동성"에 대한 하이데거의 정식화를 기억할 것이다.

그러나 만약 하이데거가 이것만을 말하려고 했다면 "삶"이라는 표현을 계속 유지했을 것이다. 왜냐하면 이 표현도 적어도 독일어에서 분명히 부정형으로 읽혀질 수 있고, "운동성"을 제시하기 위해 사용될 수 있기 때문이다. 그러나 존재론-강의에서 인용된 문구들이 증명하고 있듯이 그것만 문제가 되는 것은 아니다. 하이데거는 "현존재"를 오히려 "잠시 머무름", "떠나지 않음", 나아가 독특한 조합으로서 "거기-곁에-있음"과 결합시킨다. "현존재"는 주목하지 않음의 반대인 주목함을 나타낸다는 의미에서 "현존함"(Präsentsein), "부재하고 있지 않음"을 뜻한다. 사람들이 "현존재"라는 낱말이 현사실성에 대한 해명이라는 것을 잊어버리지 않는다면, 여기에서 말하는 주목함이 향해야 하는 것이 무엇인지도 그들은 알 것이다. 그것은 배후로 돌아갈 수 없는 고유한 시간적 특수성이다. 그에 따라 "현존재"는 "자기 곁에 있음"(Beisichsein)을 뜻한다. 그리고 그것은 다시금 그 반대로 모든 사람들이 "자기 곁에 있지 않다"는 사실로서도 이해될 수 있다. 그것은 "현존재"를 "잠시 머무름", "떠나지 않음"과 다시 연결시킨다. 사람들이 자기로부터 도주하지 않는다면 그들은 하이데거의 의미에서 "거기", 또는 "자기 곁에" 있다. 자기로부터의 도주가 의미하는 것은 이미 기획초안에서 제시되었다. 그것은 전통의 개념들과 사유방식들의 그림자 왕국에 사로잡힘을 뜻한다. 그러나 이 사로잡힘을 "도주함"으로 이해한다면 그것이 어떤 상태가 아니라 삶의 운동과 관계되고 있다는 것이 동시에 밝혀진다. 하이데거는 이 삶의 운동을 이미 기획초안에서 "퇴락"(Verfall)으로 명명하였다. "퇴락"은 자기를 보존함, 즉 전통의 사로잡힘 속에서 자기를 유지하는 것이다.[10]

그러나 고유한 상황의 특수성이 현재하고 있을 때에만

전통의 사로잡힘 속에서 자신을 유지하려는 **의지**도 가능하다. 사람들이 자기 곁에 있음을 원하지 않더라도 "자기 곁에" 있어야 하는 한, 이 퇴락도 현존재의 방식이다. 자기를 벗어나려는 모든 시도에도 삶은 현사실적으로 그 자신을 위해 거기에 있다. "삶은 '자신으로부터 벗어나는' 순간에도 바로 거기에 있다. […] 삶 자체에서 작동하는 현사실적 시간성의 모든 운동성처럼 '몰입'(Aufgehen in)은 다소 명시적이면서도 완전히 드러나지 않는 방식으로 그 앞에서 삶이 도망하는 것에 대한 배려 (Rücksicht)를 하고 있다"(PA 244). 이 문제를 다시 철학사와 연결시켜 본다면 이것은 전통의 시원이 전통 속에 있으며, 전통과의 관계 속에 현재한다는 것을 뜻한다. 사람들은 이미 정리되어 전승된 개념들과 사유방식들을 유지함으로써 많은 노력을 하지 않고서도 전통과 쉽게 관계를 맺는다. 그러나 그것들을 통해 본래적으로 고유한 사유로 나아가기 위해서 사람들은 그것들의 시원으로 소급해야 한다는 것도 근본적으로 잘 알고 있다. 그러나 그것들로부터 벗어나 그것들과의 관계를 쉽게 맺으려는 "염려"를 하지 않을 때에만 이미 정리되어 전승된 개념들과 사유방식들은 고유한 사유를 위한 도전에 직면할 수 있다. 그와 함께 시원에 대한 되물음이 시작된다.

10】 **역주**_ 여기에서 "Verfall"은 뒤에 나오는 "Untergang"(몰락)과 구별하기 위해 "퇴락"으로 번역한다.

그러나 시원은 항상 시원으로만 있을 뿐이다. 그 때문에 시원에 머물러 있지 않는 한, 먼저 전통에 사로잡혀 있다가 그 후에 그것으로부터 벗어나는 일이 일어나지 않고서는 고유하고 본래적인 철학함에 도달하는 것도 불가능하다. 이러한 운동은 이미 하이데거의 기획초안에서 역사적 삶의 구조를 포괄하는 개념들로서 파악되었다. "현사실성 자체에서 접근되는 삶 자체의 존재는 퇴락하는 염려의 대립운동과 같은 **에움길**(Umwege)을 통해서만 볼 수 있고, 도달될 수 있다. […] 현사실적 삶 자체에서 접근될 수 있는 그의 존재는 **실존**으로 지칭된다"(PA 245). 하이데거가 여기에서 "접근될 수 있는 […] 존재"를 말한다고 해서 이—항상 고유한 것으로만 있는 현존재의—존재가 고찰되고, 기술될 수 있으며, 그러한 고찰에 근거하여 그것이 이해될 수 있다고 생각하면 그것은 오해이다. 접근될 수 있는 존재란 그런 의미를 가지는 것이 아니다. 그것은 명시적인 접근가능성 속에 있는 존재라는 것을 의미한다. 하이데거가 여기에서 적용하고 있는 낱말, "실존"은 전통과 거리를 두고, 전통의 시원에 대해 되묻는 것을 나타낸다. 여기에는 현사실성의 두 "근본 운동성"이 해명되고 있다. 사람들은 그것과 함께 동반되고 있는 것이 무엇인지를 알아야 한다.

　　해석학에 대해 언급하는 곳에서 하이데거는 이해되어야 할 고유한 존재의 해명을 시도하고 있다. "그 용어는 […] 그 근원적인 의미와 연결되어 '헤르메노에인'(hermeneúein, 전달)의 수행, 즉 현사실성의 만남, 봄, 잡음, 그리고 개념파악을 가능하게 하는 **현사실성의 해석에 대한 규정적 통일성을 말한다**"(GA 63, 14).[11] 해석학은 현존재의 자기 해석이고, 거기에는 시원에 대한 되물음에서 제시되는 현존재의 현재적인 특수성에 대한 표현이 놓여 있다. 해석학은 하이데거의 다른 정식화, 즉 "자기 자신에 대한 현존재의 **깨어 있음**"으로 표현된다(GA 63, 15).

우리는 현재를 포함한 전통과 그 시원의 관계가 하이데거에 의해 해체로서 이해된 철학사를 통해서만 해명될 수 있다는 것을 이미 알고 있다. 해체를 통해 사람들은 전통에 사로잡혀 있었음을 고백하고, 시원에 대해 되묻게 됨으로써 특수한 현재의 상황 속에 있는 "자기 곁에" 머무르게 된다. 그리고 이러한 해명을 통해 삶의 운동은 두 "근본 운동성"으로 드러난다. 나아가 개념들과 사유방식들이 지배하는 그림자 왕국으로의 퇴락은 물론 진정한 물음도 명시적으로 드러난다. 좀 더 일반적인 하이데거의 용어를 통해 말한다면 현사실성은 "해석학적으로" 명시적인 것이 된다.

이제 왜 하이데거가 현사실성의 해석학을 "현상학적" 해석학으로 지칭하는지가 명백해질 수 있다. 확실히 하이데거는 후설로부터 "현상학"이라는 용어를 인수받았으며, 어떤 관

11】 "Hermeneuein"은 원본에 그리스어로 쓰여 있다. 이후에 오는 그리스어도 라틴어로 바꿔 표기됨.

점에서 볼 때에는 그가 현상학에서 이해하고 있는 것과 그의 스승의 이해는 서로 유사하다고 할 수도 있다. 『논리연구』에서 후설은 "순수 논리학"을 기획했고, 거기에서 그는 "논리연구의 고유한 대상들",[12] 그의 이해에 따르면 판단과 추론에서 제시되는 개념들과 그것들의 연결을 그것들이 근원적으로 주어지는 그대로 기술하려고 시도하였다. 그러나 그 대상들은 의식 속에 주어진다. 따라서 현상학은 그에 상응하는 의식의 진행에 주목하고 기술하는 것과 관련되어 있다. 후설이 강조하고 있듯이 거기에서 중요한 것은 "경험적인 의미에서, 역사적으로 주어진 어느 하나의 언어와 연관된 의미에서 문법적 논의가 아니라, 광범한 객관적 인식이론과 그것과 가장 밀접하게 연결된 **사고체험과 인식체험의 순수 현상학**에 속하는 가장 보편적인 형태의 논의이다."[13] "순수 현상학"은 규정된 언어 개념들을 고수하는 것이 아니라, 규정된 언어 개념들이 "의미하는" 것을 의식의 진행에서 주목하여 파악하고 바로 그것을 증명하는 것이다. 현상학은 "직관적"이고 "기술적"(deskriptiv)이다.

　　사람들은 이러한 후설의 기획에서 하이데거가 어떻게 배웠는지를 알고 있다. 후설이 "직관"으로 명명한 것에는 이미

12] E. Husserl, *Logische Untersuchungen II. Untersuchungen zur Phänomenologie und Theorie der Erkenntnis, Teil 1*, Tübingen 1913, 2.

13] 같은 책, 2.

2. 철학과 역사 🌱

교수자격논문에서 제시한 주체성의 직접적인 삶에 대한 경청
이 상응한다. 또한 그것에는 앞에서 해명한 의미에서의 "현존
재"라는 낱말이 상응한다. 이 낱말도 직접적으로 파악하는 주
목함을 제시하고 있기 때문이다. 그리고 하이데거가 제시한 해
석학은 지금까지 말한 것 중에서 후설이 "기술"로서 이해한 것
과 가장 뚜렷하게 일치하는 것으로서 보인다. 하이데거는 후설
의 기획을 수용하고 사유체험과 인식체험의 현상학을 역사인
식의 현상학과 현존재의 현상학으로 전환하였다.

그러나 후설의 기획을 나타내기 위한 "현상학"이라는
용어를 하이데거가 어떻게 후설로부터 전수받아 자기에 맞게
만들었는지에 대해서는 지금까지의 해명을 가지고도 아직 말
할 수 없다. 그것은 하이데거 자신을 통해 대답될 수 있다.

> **현상**(Phänomen)이라는 낱말은 그리스 용어, '파이노메논'
> (phainómenon, 스스로 나타나는 것)에서 그 근원을 가진다. 그것
> 은 '파이네스타이'(phaínesthai), '스스로 나타나다'에서 파생되었다.
> 그러므로 현상은 스스로 나타나는 것으로서 자신을 나타내는 것이
> 다. 이것은 우선적으로 현상이 그것 자체로서 거기 있으며, 어떤 방
> 식으로든 대체될 수도 없으며, 또는 간접적으로 고찰되거나 나아가
> 어떤 방식으로든 재구성될 수 있는 것이 아니라는 것을 뜻한다. 현
> 상은 어떤 것에 대한 대상적 존재(Gegenständlichsein)의 방식이며,
> 나아가 하나의 뛰어난 방식, 즉 대상이 그 자신에서부터 현존함
> (Präsentsein)을 나타낸다(GA 63, 67).

이 해명을 따른다면 후설에게 현상은 의식 안에서 사유된 것, 그리고 인식된 것에 대한 의미의 "소여성"을 말하는 것이다. 이 때문에 후설은 그의 기획을 현상학으로 지칭하였다. 모든 의식활동은 어떤 것으로 향해 있다. 그것은 "지향적"이다. 그리고 의식활동이 향하고 있는 것은 그것 안에 직접적으로 현존한다. 지향성이 의식활동의 본질규정이라면 이 의식활동은 현상학적으로만 기술될 수 있다. 왜냐하면 의식활동에게는 그것이 향하고 있는 것의 소여성이 본질적이기 때문이다. 하이데거에게도 현상학은 바로 이것을 의미한다. 왜냐하면 현존재로서 이해되는 삶은 "자기 소여성"에 의해 특징지어지기 때문이다. 현존재는 현존함을 의미하고, 이 근거로부터 현존재는 탁월하고 유일한 현상학의 "대상"이다.

그러나 "현존재"라는 용어를 통해 이해되어야 할 현존(Präsenz)은 고유한 방식의 현존이다. 그것은 우선 불투명하지만 해체의 "에움길"을 통해 비로소 역사적으로 획득될 수 있다는 것을 특징으로 한다. 이 사유는 하이데거에게는 중심적인 것이지만 후설에게는 낯선 것이다. 이 사유를 통해 현상학의 개념은 처음으로 특정하게 하이데거적인 의미를 획득한다. 하이데거는 현상학의 개념과 관련하여 이러한 자신의 강조점을 존재론-강의에서 다음과 같이 정식화한다.

자기-은폐와 자기-위장의 방식**에서 존재하는 것**이 철학의
대상, 즉 **존재의 존재성격**에 속한다는 사실을—부수적인 것이 아
니라 그 존재성격에 따라—이제 인정한다면 참으로 현상의 범주
를 신중하게 다루어야 한다. 그것을 현상으로 이끌어 오는 과제가
근본적으로 현상학적인 것이 된다(GA 63, 76).

그후 이것은 『존재와 시간』에서 더욱 더 명백하게 제시
된다.

탁월한 의미에서 '현상'이라고 불려야 하는 것은 무엇인가? 무
엇이 **필연적으로** 그 본질에 따라 **명시적으로** 제시해야 할 주제인
가? 분명히 우선 대개 즉각 나타나지 **않는** 그러한 것, 우선 대개 나
타나는 것에 대하여 **은폐**되어 있지만, 동시에 우선 대개 나타나는
것에 본질적으로 속하는 어떤 것으로서 그 의미와 근거를 이루는
그러한 한 것이다(GA 2, 47/35).[14]

현상학이 수행해야 하는 "명시적으로 제시해야 할" 것에
대한 하이데거의 해명이 현실적으로 "현상학"이라는 용어를
비로소 명백하게 해준다. 철학은 "우선 대개 나타나지 않는" 것
을 부각시키고 명시적인 것으로 드러내는 "로고스"(lógos), 즉 제

14] 두 번째 쪽수는 니마이어 출판사(Niemeyer Verlag)에서 출판된 『존재와
시간』의 단행본에 나와 있는 쪽수이다. *Sein und Zeit*, Tübingen 1986.

시하는 말(aufweisende Rede)이다. 이 말은 우선 스스로 나타나는 것의 "의미와 근거"가 무엇인가에 주목하게 한다. 그리고 그 두 가지가 우리 자신이라면 철학의 "로고스"는 그것을 통해 우리가 우리 자신을 이해하게 되는 말함(Reden)이다. 이후 하이데거가 『존재와 시간』에서 명시적으로 말하고 있는 것처럼 "현상학의 로고스는 […] '헤르메노에인'의 성격"을 가진다(GA 2, 50/37). 현상학과 현사실성의 해석학은 궁극적으로 동일하다.

　　"현상학"이라는 용어를 후설로부터 전수받음으로써 하이데거는 또한 그와 연관된 철학적 물음으로 건너가는 하나의 교량을 건설하게 된다. 그 물음은 철학에 대한 그의 기획을 역사인식으로서 풀어내면서 등장한 아리스토텔레스의 물음이다. 아리스토텔레스에서 알게 된 "원칙적으로 새로운 근본단초"로부터 하이데거의 "논리학과 존재론"이 "자라나온다." 여기에서 하이데거는 "존재론"과 "논리학"을—스스로 나타나는—존재자와 이 존재자를 제시하는 말함을 다룬 아리스토텔레스의 구상에 따라 붙인 명칭으로서 이해한다. "논리학"은 여기에서 추론하고 도출하는 사유와 논증의 학설과는 아무런 관계가 없다. 그러나 "존재론"과 "논리학"은 그것이 다루는 문제와 관련하여 현사실성의 해석학에 속해 있는 양면성을 지시하는 제목이기도 하다. 다시 말해 이것은 다음과 같은 의미를 가진다.

2. 철학과 역사 🌱

철학의 문제영역은 현사실적 삶의 존재와 관계한다. 철학은 이러한 관점에서 **원칙적인 존재론**이다. 그러므로 세계와 연관된 규정적이며, 개별적인 영역존재론은 현사실성의 존재론으로부터 문제의 근거와 문제의 의미를 받아들인다. 철학의 문제영역은 그때마다 거론되고, 해석된 존재의 방식에 놓여 있는 현사실적 삶의 존재와 관계한다. 다시 말해 철학은 현사실성의 존재론으로서 동시에 거론함(Ansprechen)과 해석함(Auslegen)에 대한 범주적 해석이다. 즉, 그것은 **논리학**을 뜻한다(PA 246 이하).

여기에서 눈에 띄는 것은 철학이―"논리학"의 측면에서―더 이상 단순하게 현사실성의 표현과 기술이 아닌, "거론함과 해석함에 대한 […] 해석"으로서 파악되고 있다는 사실이다. 이를 통해 하이데거의 구상 내에서 어떤 변화가 일고 있다는 것을 알 수 있다. 이것을 좀 더 상세하게 다루어 볼 필요가 있다. 이 변화를 먼저 특징짓기 위해서 언급해야 할 것이 있다. 역사적 성격을 가진 철학을 해체로서, 시원에 대한 되물음으로서 관철시키려는 그의 시도에도 불구하고 현존재의 현상은 하이데거의 철학에 대한 이해를 위기로 이끄는―그와 함께 역사에 대한 그의 이해를 위기로 이끄는―방식으로 등장한다. 아마도 이것은 아주 역설적인 것으로도 들릴 수 있을 것이다. 이것은 아주 정상적이며 체계적 주저로서 여겨지는 그의 책『존재와 시간』이 하이데거의 사유에서 많은 결과를 성취하려는 강한 초조함을 내포하고 있다는 뜻이기도 하기 때문이다.

그러나 다른 관점에서 본다면 아리스토텔레스-초안 자체도 하이데거가 30년대에 비로소 이루어낼 것에 대한 어떤 초조함의 시발점이다. 다시 말해 그가 아리스토텔레스의 초안을 통해 이루어낸 구상은 교수자격논문에서 주도적이었던 철학과 종교의 관계에 대한 동기에 대해 어떤 여지도 주고 있지 않다. 그러나 그가 이러한 동기를 간단하게 포기한 것은 아니다. 그는 이 동기를 자신의 언어를 통해 말함으로써 오히려 그것의 영향을 확인시켜 주고 있다. 그러나 하이데거가 자기 이해의 해명을 해석학이라고 규정하는 현사실성의 제시에 대한 계획을 기획하는 곳에서, 이 자기 이해가 믿음의 진지함에서 인도된 삶에 대한 제시여야 한다는 그의 생각은―암묵적인 방식이 아닌―분명한 결단을 통해 포기된다. "존경할 만큼 신을 내면화한 철학"에 관한 어떤 말도 그 이후로부터는 더 이상 등장하지 않는다. 기획초안에서 하이데거는 다음과 같이 말한다. "그에게 고유한 현사실적 가능성들 자체로부터 유래한 현사실적 삶을 그 자신 위에 세우기"로 결단한 철학은 "**근본적으로 무신론적**"이어야 하고, 현사실적 삶을 이해하는 것이어야 한다 (PA 246).

이러한 철학의 성격규정은 하이데거에게 아주 중요한 것이었다. 그는 한 각주를 통해 그것을 해명한다. 철학은 "유물론 또는 그와 같은 이론의 의미에서" "무신론"이 아니다. 계속해서 그는 다음과 같이 말한다.

> 있는 바 그대로 자신을 이해하는 모든 철학은 삶에 대한 해석
> 방식이다. 철학이 신에 대한 어떤 '예감'을 가질 때조차 철학은 다
> 음과 같은 사실을 알아야 한다. 즉, 삶을 그 자신으로 되돌아가 파
> 악하려는 철학의 수행은, 종교적으로 말하자면, 신에 대한 저항이
> 다. 그것을 통해서만 철학은 진정한 모습으로, 다시 말해 철학 자체
> 가 해낼 수 있는 가능성에 맞게 신 앞에 서는 것이다. 무신론적이
> 라는 것은 여기에서 유혹하듯이 종교성만을 말하려는 관심으로부
> 터 자유로운 태도를 취하는 것을 말한다(PA 246).

그 첫 번째 동기에서 볼 때, 하이데거는 여기에서 철학
과 철학이 해석을 통해 제시하려는 삶의 진지함을 종교와 연결
시키려는 초기의 시도를 고수하는 것처럼 보일 수 있음에도 불
구하고 사실상 철학과 종교의 근본적인 불화를 주장하고 있다.
그러나 결코 그런 것은 아니다. 신에 대한 예감을 여전히 가지
고 있는 철학은 신에 대한 "저항"으로 이해되어야 하며, 그런
점에서 하이데거가 철학은 신 앞에 서 있다고 말할 때 그는 철
학과 종교와의 관계를 아직도 고수하고 있으며, 다만—교수자
격논문과 비교해 볼 때—그 관계를 새로운 방식으로 확립하고
있는 것으로 보인다. 철학은 여기에서 결국 종교의 관점에서
고찰되고 있다. 이 고찰을 하이데거는 아마도 다시금 키에르케
고르에서 배워왔을 것이다. 키에르케고르가 『죽음에 이르는

병』에서 자신을 대신하여 가명을 가진 반-클리마쿠스를 통해
제시한 인간적 "자기"와 절망의 형식에 대한 분석은 한편으로
절망으로부터 유일하게 벗어날 수 있는 믿음의 가능성을 드러
내고 있다. 그러나 다른 한편으로 반-클리마쿠스는 이러한 고
찰이, 그리스도교적으로 말한다면, 죄라는 것을 알고 있었다.
여기에는 믿음을 가지고 겸손하게 순종하는 대신에 그것에 대
한 고찰을 통해 오히려 절망에 빠지게 되는 경향의 의문스러운
선택이 제시되고 있다.

　　이러한 키에르케고르의 사유가 하이데거에게도 그대로
수용되고 있다. 그러나 철학의 성격을 "저항"으로서 규정하는
것은 본질적으로 키에르케고르가 철학을 죄로서 규정하는 것
보다 더 본질적이며 훨씬 더 과격한 것이다. 누군가에 대해 저
항한다는 것은 누군가를 공격하고 죽이려는 것을 의미한다. 신
에 대해 저항하는 철학의 진정성은 신을 위해 삶이 위협받는
것을 거부하는 진정성이다. 믿음에서 인도된 삶의 진지함과 통
일성을 위해 철학적 삶은 삶과 죽음 사이의 양자택일을 요구한
다. 분명히 하이데거는 이 양자택일적 상황에 처해 있었던 것
으로 보인다. 왜냐하면 기획초안에서 그가 기획한 해체의 구상
에는 "신학적 인간학"도 포함되어 있었기 때문이다. 하이데거
가 그 중심적 의미를 강조한 아우구스티누스의 신학은 그가 볼
때 "인간과 현존재의 이념"과 함께 "그리스 철학, 그리스에 기
초한 교부신학, 바울의 인간학, 요한복음의 인간학"을 지시하

고 있는 것이다(PA 251). 이 모든 것은 해체의 기획이 미치는 영향권 안에 놓여 있는 것들이다. 그리스 사람들이 추구했던 것이 십자가 앞에서 어리석은 것이 되었다고 설교한 바울의 인간학조차 그 영향권 안에 속한다(고린도 전서 1장 19–25절). 심지어 철학의 전통이 시작하면서부터 가능하게 된 동일한 관점들과 해석방식들 속에 "반그리스적 [···] 경향들"이 그대로 유지되고 있다고 할지라도 그것들 역시 마찬가지로 해체의 영향권 안에 속한다. 해체의 구상에서 나타난 무신론은 단지 "유혹하듯이 종교성만을 말하려는 관심"에 반대하는 것을 의미하는 것이 아니다. 무엇보다도 중요한 것은 하이데거가 이런 것들을 말하고 있다는 사실이다. 바로 그것은 이런 것들이 그에게 얼마나 중요한 것인지를 분명하게 보여주고 있다. 또한 이 주제는 그로 하여금 해체의 구상을 현저하게 변경하도록 만들었다. 결국 거기에서 그는 종교에 대한 철학적인 반대운동이 가진 문제의 속성을 통찰하기에 이른다.

3

기초존재론 – 풍부한 결실을 맺은 중간 사유

아리스토텔레스의 해체

1927년에 출판된 가장 영향력 있고 가장 체계적으로 잘 정리된 하이데거의 책 『존재와 시간』이 그의 철학과 관련된 위기를 내포하고 있다는 주장은 분명히 즉각 납득될 수 있는 것이 아니다.

그러나 이 주장은 하이데거의 자기 이해에 따른 것이다. 1942년에 문헌학자 막스 콤메렐(Max Kommerell)에게 쓴 그의 편지가 그것을 알려주고 있다. "『존재와 시간』은 미완성(Verunglückung)이었다."[1] 그리고 1935년에 엘리자베스 블로흐만(Elisabeth Blochmann)에게 보낸 편지에서 그는 다음과 같이 말한다. " '존재와 시간'에 대한 비판이라는 제목이 붙은 봉투 안에 부차적으로 덧붙일 낱장들이 계속적으로 많이 늘어나고 있다. 나는 그 책을 차분하게 들여다 보면서 그 책의 문제를 지금 더 뚜렷하게 알게 되었다. 나는 이 책에 놓여 있는 아주 큰 무모함을 알고 있다. 그러나 도약하기 위해서라도 아마도 사람들은 그러한 '비약'을 해야 할 것이다. 다만 지금 중요한 것은 동일한 물음을 한 번 더 모든 동시대인들, 학자들, 학생들을 통해 훨씬 더 독창적이고 보다 더 자유롭게 제기하는 것이다"(HBBr 87 이하).

그러나 『존재와 시간』이 "미완성"이었다는 것을 제시하기 위하여 하이데거의 자기 증명으로 다시 소급해야 할 것까지는 없다. 그 책은 이미 일부로 남아 있기 때문이다. 그 책은 원래 각기 3편으로 나누어지는 2부로 구성되어 있었다. 하이데거는 1부의 두 편[1, 2편]만을 출판하였다.

그렇게 출판하게 된 것에는 외적인 이유가 있다. 마르부르크 대학의 철학부가 하이데거를 니콜라이 하르트만의 후임으로서 첫 번째 정교수 자리를 제안했었기 때문에 하이데거는 엘리자베스 블로흐만에게 보낸 그의 편지에서 말한 것처럼 "아주 큰 무모함"이 있는 상태로 그 책을 출판할 수밖에 없었다. 하이데거 자신의 보고처럼 그 제안은 하이데거가 그의 교수자

---

[1] M. Kommerell, *Briefe und Aufzeichnungen 1919-1944*, hrsg. von I. Jens, Olten/Freiburg i. Br. 1967, 405 참조.

3. 기초존재론-풍부한 결실을 맺은 중간 사유 🌱

격논문 이후 더 이상 아무 것도 출판하지 않았다는 이유로 베를린의 문교부에 의하여 철회되었다(SD 88). 그렇다고 해서 마르부르크의 초빙 이후 변한 것은 아무 것도 없었다. 문교부에 보낸 이 책의 두 견본이 1926년에 불충분하다고 기재되어 되돌아 왔음에도 불구하고 하이데거는 1927년에 교수로 임명되었다.

이후 명시적으로 언급되지 않는 한, 항상 출판된 부분만을 의미하는 『존재와 시간』은 이렇게 촉급한 시간의 압박 아래 생겨났다. 사람들은 그 책이 나오게 된 이러한 정황을 염두에 두고 있어야 한다. 비록 이 책이 폭넓은 범위에 걸쳐 세심하게 정리된 구절들을 포함하고 있다고 할지라도 『존재와 시간』은 분명히 하나의 기획 성격을 가지고 있다. 본질적인 문제들은 단지 예시되고 있을 뿐이며, 그 대부분의 것들은 2부로 미루어지고 있다. 2부가 본래 결정적으로 중요한 부분이 되어야 했을 것이다.

2부에서 다루어질 것과 관련하여 사람들은 적어도 기획된 두 편에 대해 아주 정확한 그림을 그릴 수 있다. 하이데거는 두 편 중 일부에 해당되는 자료를 독립적인 책으로 정리하여 1925년에 『칸트와 형이상학의 문제』라는 제목으로 출판하였다. 2부의 마지막 편으로 예견되는 자료는 1927년 여름학기에 『현상학의 근본문제들』(GA 24)이라는 강의 형식으로 접할 수 있다. 이 강의에서 사람들은 하이데거가 1부의 3편에서 전개

하려고 했던 물음 제기에 대한 아주 중요한 관점들을 이끌어낼
수 있다.

　　그러나 하이데거는 기획된 『존재와 시간』의 2부를 어떤
외적인 이유로 미룬 것이 아니었다. 칸트에 해당하는 부분을
다르게 착안하여 독립적인 책으로 만든 것을 보면 그것을 알
수 있다. 오히려 기획의 중단은 그의 체계적인 구도가 그가 계
획했던 그대로 관철될 수 없었다는 데 있다. 이것을 설명하고
『존재와 시간』의 기획에 담긴 물음 제기에 제대로 돌입하기 위
해서는 하이데거에 의해 계획된 체계를 좀 더 상세하게 고찰할
필요가 있다. 『존재와 시간』의 8절에 나오는 "논구의 개요"에
따라 이 책의 전체는 다음과 같은 구조를 가져야만 했다(GA 2,
52 이하, 39 이하).

Ⅰ. 시간성에서 현존재를 해석하고 존재에 대한 물음의 초월
　　적 지평으로서 시간을 해명함.
　　1. 현존재의 예비적 기초분석
　　2. 현존재와 시간성
　　3. 시간과 존재

Ⅱ. 존재시성 문제의 실마리에서 존재론의 역사를 현상학적
　　으로 해체하는 근본특징들.
　　1. 도식주의와 존재시성의 문제에 대한 전단계로서 시간에 대

한 칸트의 학설

2. 데카르트의 "코기토 숨"(cogito sum)[2]의 존재론적 토대와 "레
   스 코기탄스"[3] 문제들로 중세 존재론의 인수

3. 현상학적 토대와 고대 그리스 존재론의 한계의 구별로서 시
   간에 대한 아리스토텔레스의 논구

　　기획초안을 면밀히 살펴본 이후에 사람들은 아마도 거
기에서 어떤 것은 친숙하고 어떤 것은 친숙하지 않다는 것을
발견할 수 있을 것이다. 먼저 친숙한 것에 머물러 살펴보게 되
면 새로운 것이 더 명백하게 드러난다. 기획의 1부에 있는 "현
존재"에 관한 언급은 당연히 친숙한 것이며, "역사인식"의 기
획을 제시하는 현존재와 시간의 연관도 마찬가지로 친숙한 것
이다.

　　그러나 "시간성과 역사성"이라는 제목을 가진 이 책의
5장에서 철학의 "역사인식"은 기껏해야 주변에서만 언급되고
있다. 기획초안을 기억해 볼 경우, 현존재의 "역사성"이 해체의
수행으로 이해되지 않고 오히려 전승의 해체가 2부에서 비로소
수행되고 있다는 것에 사람들은 놀랄 것이다. 동일한 방향임에
도 불구하고 아주 다른 차이점들이 제시되고 있다. 하이데거는

---

[2] **역주_** cogito sum (나는 사유한다, 나는 존재한다)
[3] **역주_** res cogitans (사유하는 사물)

"시간", "시간성", "존재시성"(Temporalität)을 개요에서 구별하
고 있다. 그와 연관하여 『현상학의 근본문제들』–강의에서 제
시되는 상세한 설명을 살펴본다면 거기에서 "시간"은 "시간성"
과 "존재시성"보다 상위 개념으로 여겨진다(GA 24, 389). 하이
데거는 "존재시성"이라는 용어를 기획의 2부를 위해 준비해
두었다. 그때 그 용어는 분명히 2부의 1편에서 주제를 바꾸는
역할을 하도록 고려되어 있었다. 그렇게 고려된 제목에는 "존
재시성의 문제를 위한 전단계"라는 언급이 들어 있다. 'Tempo-
ralität'(존재시성)는 독일어 'Zeitlichkeit'(시간성)를 라틴어로 표
기한 것 이외에 다른 것이 아니다. 그러므로 사람들은 시간성과
존재시성이 두 개의 상이한 시간성도 아니며, 아직 두 개의 상
이한 시간형식도 전혀 아니라고 생각할 것이다. 그러나 『현상
학의 근본문제들』–강의에서 해명하고 있듯이 여기에는 하이
데거가 구별하는 두 개의 상이한 시간의 경험방식이 있다. 이
런 의미에서 그는 "존재시적 기능의 관점에서 […] 현존재의 시
간성"을 말한다(GA 24, 465).

　　이러한 차이에서 표명되는 체계적 의도가 처음에는 애
매하게 보인다. 그러나 한 가지는 지금 여기에서 분명하게 말
할 수 있다. 하이데거가 시도하는 기획은 더 이상 "현사실성의
해석학"으로서 철학을 수행하는 것, 다시 말해 시원에 대한 되
물음을 통해 철학의 표현기능과 기술기능을 재획득하고 현존
재의 근본구조를 해명하려는 목적을 더 이상 가지지 않는다. 지

금 "현존재의 기초분석"이 시도하는 해명은 "예비하는 것"이며, 나아가 2부에서 수행해야 할 전승의 해체를 예비하는 것이다. 기초분석의 "예비적" 성격에 대한 언급은 양의적이다. 그하나는 기초분석은 "단지 예비하고 있다"는 뜻이다. 다시 말해 본래적으로 다룰 중요한 내용이 거기에는 없다는 뜻이다. 다른하나는 본래적으로 다룰 중요한 내용은 기초를 처음 준비하는 현존재의 기초분석을 통하지 않으면 안 된다는 뜻이다.

예비하는 현존재의 기초분석과 해체를 이렇게 구별하는 것은 해체의 이해를 더 강화하기 위한 것이다. 더욱이 해체는 2부의 마지막 편에 집중적으로 다루어져야 할 아리스토텔레스로 계속 향하고 있다. 해체는 직접 "중세 존재론"과 연관된 데카르트를 넘어 칸트로부터 아리스토텔레스에게로 인도된다. 기획초안에서 시도했던 것처럼 하이데거는 거슬러 올라가는 철학사의 모델에 친숙하다. 그러나 분명한 것은 아리스토텔레스는 더 이상 전승된 개념들과 사유방식들의 그림자 왕국으로부터 해방되기 위하여 사람들이 되물어야 할 시원이 아니라는 사실이다. 시간에 관한 아리스토텔레스의 논구는 "현상학적 토대와 고대 그리스 존재론의 한계의 구별"로서 제시되고 있다(Physik IV권). 따라서 이 논구는 그 고유의 "현상적 토대"와 마찬가지로 고대 존재론의 한계가 드러나는 "경계선"을 보여준다. 그것은 바로 고대 존재론에서 일반적으로 파악되고 있는 내용을 보여주는 것이다. 이로써 하이데거가 기획초안에서 아

리스토텔레스와 연관하여 강조한 것은 근본적으로 철회되고
있다. 바로 아리스토텔레스가 이제 해체에 직면하게 된 것이다.

변화된 아리스토텔레스의 평가를 위한 전제를 하이데
거가 아리스토텔레스 이외에 다른 누구에게서도 찾고 있지 않
다는 것은 일종의 운명의 아이러니이다. 그 첫 번째 흔적은 이
미 기획초안에서 발견되고 있다. 따라서 우리는 다시 한 번 그
기획초안으로 되돌아가 볼 필요가 있다. 그렇게 함으로써 우리
는 『존재와 시간』의 연구에 직접 대면할 때보다 더 잘 이해할
수 있는 가능성을 얻게 된다. 나아가 우리는 거기에서 엄격한
일련의 규정들과 대면하는 것이 아니라, 자신의 규정들을 점차
적으로 발전시켜 가는 하이데거를 주시할 수 있다.

하이데거가 기획초안에서 제시하고 있듯이 계획된 아리
스토텔레스–해석에 대한 암시는 해체의 구상과 함께 앞서 제
시된 물음의 방향을 정확하게 따르고 있다. 철학이 본질적으로
현존재의 표현과 기술이어야 한다면, 그 철학은 계속해서 전승
의 그림자 왕국에서 움직이지 않고 전승의 시원으로 남아 있는
현존재의 표현과 기술이어야 한다.

아리스토텔레스에서 현존재의 표현과 기술을 위한 증
명들을 발견하는 것은 하이데거에게 어렵지 않았다. 그는 그
증명들을 무엇보다도 『니코마코스 윤리학』의 6권에서 발견한
다. 논의를 위해 하이데거에게 중요한 그 책의 구절은 다음과
같이 시작한다(EN 1139b, 1518).[4] "긍정 또는 부정에서 영혼이

참된 것과 관계하는 다섯 가지[태도들]가 있다. 즉, 어떤 것을 생산할 수 있는 능력, 학문, 실천적인 영리함(Klugheit), 지혜, 인지(Vernehmen)이다. 또한 추측과 억측에서 영혼은 기만당할 수도 있다." 아리스토텔레스는 앎의 다섯 가지 형식들을 언급하고, 동시에 왜 그것들이 앎의 다섯 가지 형식들로 명명될 수 있는지를 제시한다. 이 형식들 중 한 가지 혹은 여러 가지에 친숙한 사람이 그가 정통해 있는 것에 대해 말할 때 잘못된 것을 말하지는 않을 것이다. 오히려 그는 그 사태에 대해 규정된 속성을 정확하게 긍정하거나 또는 부정할 것이다. 그와 반대로 누군가 억측이나 추측을 말한다면 우리는 그전부터 그가 말한 것이 적중할 수 없다는 것을 고려할 수 있다.

하이데거는 아리스토텔레스의 구절을 거기에서 다음과 같이 번역한다.

> 그러므로 영혼이 존재자를 비은폐된 것으로서 보존하고 획득하는—그리고 그것은 긍정하고 부정하는 해명의 수행양식 속에 있다—방식들은 다섯 가지로 제시된다. 그것들은 설치하며–산출하는 수행방식, 주시하며–검토하며–증명하는 규정, 배려하며 주위를 살핌(둘러봄), 고유하게–보는 이해, 순수 인지이다. (이것들만 물

---

4) 아리스토텔레스 저서의 쪽수는 전집의 쪽수를 따름. *Aristotelis opera*, ex rec. I. Bekkeri, Berlin 1831–1870 (Ausgabe der Preußischen Akademie der Wissenschaften).

음으로 제기된다) 왜냐하면 가정과 '견해를 가진다'는 의미에서 영혼은 필연적으로 존재자를 비은폐된 것으로 제시하지 않기 때문이다. 오히려 사념된 것(das Vermeinte)은 존재자 앞에서 비껴나 다만 기만되는 것으로서 보이기 때문이다(PA 255).

사람들은 여기에서 문헌학자들도 인정하지 않고 거부할 정도로 악평을 받는 하이데거의 초기 번역의 한 사례에 직면하고 있다. 그 번역은 문헌학자들조차 이해하기 힘들 정도로 난해한 번역이다. 원문을 대신하여 읽혀질 수 있는 번역이란 허용될 수 없다고 하는 문헌학자들의 주장은 정당하다고 할 수 있다. 그러나 그것은 원래 하이데거의 목적이 아니었다. 자신의 번역에 대해 그는 기획초안에서 다음과 같이 말하고 있다. 번역은 "구체적인 해석으로부터 생겨나는 것"이며, "이것[해석]을 간결하게" 담아내야 한다(PA 252). 하이데거의 번역은 해석이다. 번역은 문헌이 그 자체에서 직접 말하지 않는 것을 분명하게 드러나도록 하기 위해 자주 그 이상의 것을 나타내거나(übezeichnen) 또는 하이데거의 말처럼 "그 이상의 것을 밝히는"(überhellen) 해석이다(PA 252).

하이데거가 말하는 "그 이상의 것을 밝히는" 해석을 위의 번역을 통해 자세하게 살펴보자. 첫째로 확인할 수 있는 것은—나의 번역에 따라—"긍정과 부정에서 진리와 관계한다"는 아리스토텔레스의 정식화가 다음과 같이 두 개의 상이한 계

기로 차별화되고 있다는 사실이다. "존재자를 비은폐된 것으로
서 보존하고 획득하는—그리고 그것은 긍정하고 부정하는 해
명의 수행양식 속에 있다—방식들에 따르면, 존재자는 해명의
"수행양식"을 통하지 않고서도 "보존하고 획득하는" 것이 가능
해진다. 긍정과 부정의 "수행양식"은 먼저 언어적으로 수행되
지 않는 것만을 설명하고 해명한다. 앎의 형식들과 언어적 해
명 사이에 나타나는 이러한 구별을 하이데거는 『존재와 시간』
에서 풍부하게 제시하고 있다. "비본래성"의 해명에서 이 구별
의 문제를 다루게 될 것이다.

그러나 우선적으로 하이데거가 관심을 가지는 것은 무
엇보다도 실천적인 영리함(phrónesis)과 지혜(sophía)이다. 이 둘
은 다시 인지(noûs)와 연결된다. 프로네시스와 소피아의 관계에
대한 규정은 아리스토텔레스가 발견한 가장 중요한 것들 중의
하나이다. 그 규정을 통해 아리스토텔레스는 일상적 행위를 이
끌어가는 앎과 철학 사이에 놓여 있는 상응관계를 발견하였다.
하이데거는 이 발견을 발전시켜 나간다. 여기에서 이미 공포된
해체와 관련하여 그의 구상의 변화가 드러난다. 이 변화를 이
해하기 위하여 아리스토텔레스의 발견을 명백히 해야 할 필요
가 있다.

아리스토텔레스에 따르면 프로네시스는 규정된 삶의
한 측면에 대한 것뿐만 아니라, 좋은 삶 전체에 대한 관점에서
어떤 사람이 그 자신에게 좋은 것과 유용한 것을 심사숙고하기

시작하면서 생겨난다(EN 1140a 26-28). 프로네시스를 가졌다는
것은 사람들이 어떻게 하면 그들의 삶을 잘 영위하는지에 대한
방법을 안다는 뜻이며, 나아가 사람들이 그때마다 어떻게 행위
해야 하는지를 아는 것이다. 프로네시스는 행위에 대한 하나의
반성이 아니라 행위 자체에서 드러나는 사려 깊음(Verständigkeit)
이다.

　　이때 프로네시스의 사려 깊음 또는 영리함은 좋은 삶의
의미에서 그렇게 행위할 필요성이 언제나 현재하고 있다는 것
을 그 특징으로 가져야 한다. 사람들이 마지막까지 심사숙고해
야 할 어떤 일에 당면해 있다는 의미에서 현재성(Gegenwärtigkeit)
은 구체적인 고려와 결단에 의미를 부여하고, 나아가 그 일을
시행하도록 한다. 사람들이 그것을 위해 최종적으로 심사숙고
하고 구체적으로 결단을 내리는 그 어떤 일의 현재성은 구체적
인 모든 행위에 대해 가지는 지식과 같은 것일 수는 없다. 지식
은 경험을 통해 얻어지는 것이다. 그러나 고려와 결단의 의미에
담긴 현재성은 직접적이다. 이 의미는 순수하게 인지된다. 다시
말해 프로네시스에는 누스(Nous), 즉 순수 인지(das reine Verneh-
men)가 작동한다.

　　더 정확하게 말한다면 물론 순수 인지에만 상응하는 어
떤 것이 있다. 아리스토텔레스에 따르면 제한 없이 제시될 수
있는 순수 인지는 철학에만 있다. 그렇다고 한다면 『니코마코
스 윤리학』에서 일상적인 행위를 지배하고 이끌어 가는 앎을

높이 평가하려는 아리스토텔레스의 전략은, 그 앎이 철학적 앎
과 동일하지는 않지만, 서로 상응관계에 있다는 것을 명백하게
보여줌을 통해 성립한다. 그 전략은 철학함을 그 "탁월함"에도
불구하고 삶과 연관시킬 수 있을 때 성립한다.

　　무엇보다도 나중에 『형이상학』이라는 제목을 가지게 되
는 논구들에서 아리스토텔레스가 전개하고 있듯이 철학의 앎
은 존재자가 존재하는 한에서, 그 대상으로서 존재자를 가진다
(Met. 1003a 21). 그러므로 여기에서 아리스토텔레스가 사용한
중심적인 낱말 "우시아"(ousía)를 번역한 존재자성(Seiendheit)은
철학 자체가 수행될 수 있기 위하여 철학적 앎에서 항상 이미
현재해야 하는 것이기도 하다. 존재자성은 철학적 앎에서 직접
경험되는 것이며, 철학이 본질적으로 노력하는 것은 바로 그것
의 해명이다. 철학적 앎은 이처럼 인지와 학문, 즉 누스와 에피
스테메의 공동작업이다(EN 1141a 16–20).

　　나아가 아리스토텔레스는 소피아에서와 마찬가지로 프
로네시스에서도 누스가 작용한다는 것뿐만이 아니라 양자의
공통성을 이끌어낸다. 양자는 비교할 만한 현실성을 가지고 있
다. 한편으로 사람들은 프로네시스에서 그때마다 규정되는 행
위의 가능성들에 직면하며, 그 가능성들 사이에서 그때마다 선
택하고 하나의 가능성을 포착하는 것이 중요하다. 이 점에 있
어서 프로네시스는 그때마다 처음과 끝을 가지는 한정된 행위
와 관계한다. 그렇다고 해서 그때마다의 행위들이 좋은 삶을 형

성하는 것은 아니다. 오히려 좋은 삶의 의미에서 관건이 되는 것은 프로네시스를 지속적이며 현실적으로 드러나는 삶의 자세로서 규정하는 일이다. 이렇게 볼 때 프로네시스는 뚜렷하게 사려 깊음의 성격을 가진 지속하는 영혼의 현실성이다(EN 1098a 7). 지속하는 현실성은 이러한 의미에서 철학함이기도 하다. 그러나 철학함에서 지속하는 현실성은 다르게 존재할 수 있는 것의 영역에서 작동하지 않는다. 철학함은 일상적인 삶에서 벗어나 있다. 철학함은 순수하게 그 자신 때문에 수행되며, 세계 전체를 그의 존재자성에서 형성하려고 시도한다.

　　프로네시스와 소피아에 대한 아리스토텔레스의 규정들에서 이끌어낸 가장 중요한 하이데거의 통찰은 그것들에 공통적인 운동성의 근본특성을 간파했다는 것이다. 프로네시스와 소피아는 삶의 운동성을 나타내는 형식이다. 하이데거는 운동성의 "중심현상"을 아리스토텔레스의 철학이 가진 "원칙적으로 새로운 근본단초"로서 발견하였다(PA 251). 그러나 하이데거는 아리스토텔레스를 해석하는 것으로만 그치지 않고 다르게 해석한다. 그는 아리스토텔레스와 근본적으로 다르게 프로네시스와 소피아의 관계를 강조하면서 아리스토텔레스의 해체를 준비한다. 이러한 근본적인 강조점의 변화를 인정할 때, 『존재와 시간』을 위한 하이데거의 기획에 담긴 단초가 이해될 수 있다.

　　프로네시스에서도 누스가 작용한다는 사실로부터 아리

스토텔레스는 결코 프로네시스가 궁극적으로 소피아와 동일한 현상과 관계하고 있다고 추론하지는 않았다. 바로 그 공통성에도 불구하고 프로네시스와 소피아에 놓여 있는 차이가 제시되고 있기 때문에 실천철학과 이론철학에 대한 아리스토텔레스의 구별이 의미를 가진다. 이것은 하이데거에서 다른 의미를 가진다. 하이데거의 말처럼 프로네시스는 "인간적 삶이 그 자신과 교섭하는 기반(Worauf des Umgangs), 그리고 보존되고 있는 고유한 존재의 교섭방식을 가져다 준다"(PA 259). 이것을 『존재와 시간』에서 사용된 용어로 말한다면 다음과 같다. 프로네시스 자체는 하나의 "존재이해"이다. 프로네시스는 구체적인 숙고와 행위의 결단이 궁극적으로 중요하게 여기는 인간적 삶의 이해, 바로 그것이다.

　　이러한 특징은 앞으로 다룰 내용을 앞서 제시하고 있다. 다시 말해 실천적 앎의 우선성을 주장하기 위해 하이데거는 아리스토텔레스가 직접 『형이상학』 1권의 전반부 두 장에서 발전과정에 있는 이론적 철학함을 분명히 실천적 앎에서 드러내고 있다는 것을 한층 더 강하게 제시해야 했다. 다음으로 그는 아리스토텔레스가 『니코마코스 윤리학』에서 파악하고 있듯이 인간적 삶의 존재가 "우선에" 나타나는 대로는 더 이상 규정되지 않으며, 이론적으로 발전된 철학적 규정의 방향에서 개념적으로 파악된다는 결론을 이끌어내야 했다. 이러한 연관을 드러내는 결정적으로 중요한 기획초안의 구절은 다음과 같다.

삶은 어떤 것과 교섭하는 구체적인 방식으로서 둘러봄(Um-
sicht)[이 용어는 프로네시스에 대한 하이데거의 번역이므로 반드
시 기억해 두어야 한다] 안에 있다. 그러나 이 교섭하는 것의 존재
는—이것이 결정적으로 중요하다—따라서 긍정적인 존재론적 성
격을 가지지 않는다. 그 형식 면에서만 볼 때 그것은 다르게 존재
할 수 있다. 그것의 존재방식은 필연적이지도 않으며, 항상 존재하
지도 않는 성격을 가진다. 이러한 존재론적인 진술은 다른 **본래적
인** 존재에 대해 **부정하는** 대립적 태도에서 수행된다. 이 본래적인
존재는 그 자체에서 볼 때, 그 근본성격에 따라 인간적 삶의 존재
로부터 해명되어 획득되는 것이 아니다. 오히려 그것은 그 범주적
인 구조에서 볼 때 **운동하는 존재자의 이념**을 확실하게 **수행하고
존재론적으로 근본화함**에서 생겨난다(PA 260).

이것이 의미하는 것은 다음과 같다. 실천적 앎은 아리스
토텔레스에서 부정적으로만 규정된다. 왜냐하면 그 앎은 가능
한 것과 관계할 뿐 현실적인 것과는 관계하지 않기 때문이다—
교섭에서 만나는 것과 관계할 뿐 그냥 존재하고 있는 것과는
관계하지 않기 때문이다. 하이데거는 그러한 사유를 다음과 같
이 해명한다. "존재"는 아리스토텔레스에서 "완성된 존재(Fertig-
sein), 즉 운동이 끝나버린 존재이다"(PA 260). 아리스토텔레스
는 인간적 삶을 파악하는 거기에서도 완성된 존재의 사유에 방
향을 두고 있다. 거기에서 삶은 "가장 고유한 운동의 가능성이

라는 관점에서 [⋯] [그의] 결말에 도달해 있다"(PA 260). 더 나아가 삶은 순수하게 지속하며, 더 이상 다양한 가능성에 의존하지 않는 "순수 인지"의 운동성에 놓여 있다(PA 260).

　　여기에서 한 번 더 프로네시스와 소피아의 관계에 대한 아리스토텔레스의 규정을 기억한다면, 사람들은 아리스토텔레스의 해석에서 하이데거가 드러내려는 결정적인 특징이 어디에 있는지를 보다 분명하게 이해할 수 있다. 아리스토텔레스는 프로네시스보다는 소피아의 우위를 인정한다. 왜냐하면 프로네시스에서 단지 불완전하게 형성되는 것이 소피아에서는 순수하고 완전하게 이루어지기 때문이다. 그것은 다름 아닌 지속하는 것에 대해 인지하는 것이다. 이런 관점에서 아리스토텔레스는 『형이상학』의 시작부분에서 제시한 앎의 형성에 대한 해명에서 "발전의 논리학"(Entwicklungslogik)을 수행한다. 이 논리학에 따르면 발생(Genese)에 대한 파악과 판단은 결과로부터 수행되어야 한다는 것이다. 이 논리학을 근대에서 가장 중시되는 아리스토텔레스의 후학—헤겔—이 충실하게 반영하고 있다. 이에 반해 하이데거는 자신의 "근원의 논리학"(Ursprungslogik)을 수행한다. 여기에서 그는 삶과 그것의 생생함에 대한 앎의 근원적 형식에 방향을 두고 발전된 이론철학의 형식을 실천철학의 근원적 형식으로 소급하여 연결시킨다. 실천철학은 본래 이론철학이기도 하다.

　　이렇게 거슬러 올라가는 사유의 운동이 여기에서도 해

체 계획을 규정하고 있다. 그러나 지금 근원의 논리학은 우선
적으로 상정된 시원의 배후로 소급해 간다. 아리스토텔레스-
해석에서 하이데거는 프로네시스를 통해 사람들이 "역사인
식"에서 더 이상 나아갈 수 없는 시원을 획득한다. 그것은 일상
적인 "존재이해"의 시원이다. 역사적-해체적 현사실성의 해석
학은 "현존재의 기초분석"이 되고, 나아가 비철학적 또는 "존
재론 이전의"(vorontologisch) 현존재에 대한 기초분석이 된다. 철
학의 가능성은 이제 여기에서부터 이해될 수 있어야 한다. 그
단초에서 존재론 이전의 현존재는 철학에서 이후에 형성되는
"존재이해"를 이미 가지고 있다. 다시 말해 존재론 이전의 현
존재가 더 근원적으로 이 존재이해를 가지고 있다.

　　체계적인 관점에서 수행된 비철학적 현존재에 대한 기
초분석은 영향사적으로 풍부한 내용을 담고 있는 하이데거의
업적이다. 그럼에도 불구하고 그 업적은 "미완성"으로 끝나고
말았다. 미완성은 해체 계획에 큰 장애를 초래하였다.

현존재의 기초분석

　　하이데거에게 현존재 분석은 여러 관점에서 기초적이
다. 그 중의 하나는 "현존재의 기초구조들"을 정리하는 것과 관
계한다(GA 2, 28/21). 여기에서 사람들은 주체성 또는 삶의 "근

본구조들"에 대한 이전의 언급을 다시 인식하게 된다. 따라서 우리에게 고유한 방식으로 존재하는 "거기"(Da)를 형성하는 그러한 동기들을 정리할 필요가 있다.

　　현존재 분석은 수행 그 자체에서 정초된다는 점에서도 기초적이다. 현존재 분석은 현존재에서 수행된다. 분석이 수행됨으로써 그것은 그의 고유한 가능성을 발견한다. 다시 말해 현존재 분석은 그것이 그의 고유한 "기초"(Fundament)로서 해명하는 바로 그것을 증명한다.

　　나아가 현존재 분석은 그것이 학문과 철학 일반의 근거를 해명한다는 점에서 기초적이다. 왜냐하면 "학문은 현존재의 존재방식이며, 거기에서 현존재는 스스로 존재할 필요가 없는 그런 존재자와도 관계"하기 때문이다(GA 2, 17/13). 그리고 철학이 아리스토텔레스 이후 지금까지 "존재자성"(Seiendheit)의 규정에서 그의 고유한 규정성을 획득하고 있다면 철학은 그의 수행에서만 현존재의 기초구조로부터 이해될 수 있다. 근원적으로 철학 이전의(vorphilosophisch) 현존재는 존재이해에 의해 특징지어진다.

　　마지막으로 현존재 분석은 모든 철학의 기초를 발견함과 함께 동시에 철학 자체를 명확하게 제시하여 비로소 투명한 형식을 이루는 한, 기초적이다. 현존재 분석은 "기초존재론"의 성격, 즉 모든 다른 존재론들을 처음으로 현실적으로 정초하는 한, 존재론의 성격을 가진다. 이러한 의미에서 하이데거는 "현존재의 존재론적 분석론 자체가 기초존재론을 형성한다"고 말한다(GA 2, 19/14).

　　이렇다고 할 때 하이데거가 출판된 『존재와 시간』의 마지막 부분에서 "현존재의 존재 구성틀을 이끌어내는 일"은 "단지 하나의 길"일 뿐이며, "그 목적"은 "존재물음 일반의 정리"라고 말한 것은 이상하게 여겨진다(GA 2, 575/436). "존재물음 일반"에 대해 언급했다고 해서 모든 전승된 존재론에서 항상 현존재의 구조만을 찾아내는 것은 아니다. 또한 모든 존재론들이 그 해명으로서 궁극적으로 현존재에서 파악되고 있다는 것을 확인하는 것을 목적으로 하지는 않는다. 오히려 전승된 존재론적인 개념들은 다음과 같은 관점에서 물어져야 한다. 그 물음은 무엇이 그 개념들의 존재론적인 고유한 양식을 형성하고 있는가에 대한 것이다. "존재물음 일반"을 통해 프로네시스와 대비되는 소피아의 고유한 양식이 제시된다. 여기에서 하이데거는 실천적 앎에서—비철학적인 현존재에서—철학적 사유가 발생한다고 생각할 때, 이 철학적 사유가 그의 고유한 양식에서 충분히 개념적으로 파악되고 있는지에 대한 물음에 접한다. 그는 여기에서 전승된 철학의 해체가 존재를 이해하는 현존재의 시원으로 소급되어 본래적으로 수행될 수 있는지에 대한 첫 번째 의심에 직면한다. 다시 말해 하이데거는 기획된 2부가 1부에 근거하여 제대로 완성될 수 있는지에 대한 물음에 봉착한다. 2부 자체는 결국 출판되지 않았다.

그러나 왜 『존재와 시간』의 기획이 관철될 수 없었는지를 이해하려면 그 전에 사람들은 "현존재의 기초구조"에 주목해야 한다. 그렇게 할 때 정리한 현존재의 모든 계기들을 하이데거가 세 부분의 구조로 나누어 기술하려고 노력했다는 것이 드러날 것이다. 거기에는 이미 현존재의 기초분석이 의도하는 선행적인 목적, 즉 "시간성에서 현존재를 해석"하려는 목적이 선명하게 드러난다. 모든 구조 계기들을 세 부분으로 나눈 것은 기재, 현재, 장래라는 시간성의 삼중적 분류를 반영한다.

세계 내 현존재

우리는 하이데거에서 "현존재"가 우리의 존재방식을 위한 낱말이라는 것을 이미 알고 있으며, 또한 우리는 이 존재방식에 "존재이해"가 본질적으로 속해 있다는 사실도 알고 있다. 그리고 우리는 이 "존재이해"가 여기에서 무엇을 의미하는가에 대해서도 이미 알고 있다. 이 개념을 통해 하이데거는 실천적 앎의 존재론적 의미를 높게 평가하였다. 아리스토텔레스에서 실천적 앎은 항상 행위하면서 삶을 영위해야 할 필요성에 대한 직접적 앎이다. 실천적 앎은 고유한 삶에 대한 앎이다—하이데거에게 이것은 고유한 존재에 대한 직접적 앎이다.

이제 이러한 사유는 『존재와 시간』의 현존재 분석에서

구체적으로 정리되고 철저하게 세분화된다. 이 세분화를 그 근본특징에 따라 전개하기 위해 나는 계속해서 전적으로 아리스토텔레스의 관점에서 관찰을 시작할 것이다.[5] 사람들이 어떻게 행동하려고 하는지를 숙고하고 판단할 수 있기 위해서는 그들이 행위하면서 사용하는 모든 것을 잘 알고 있어야 하며, 어떤 규정된 행위가 요구되고 있는 한, 사람들이 관계하는 사물에 어떻게 영향을 줄 수 있는지를 알아야 한다. 행위에는 사용에 관한 앎, 그리고 변경 또는 생산에 관한 앎이 속한다.

　　이러한 사유를 수용하면서 하이데거는 사용에 관한 앎과 이 앎에서 발생하는 사물, 즉 그가 "도구"라고 명명한 사물들을 기술하는 일에 집중한다. 이미 이것은 아리스토텔레스에서 기술되고 있는 것과 대립되는 관점이다. 아리스토텔레스가 하고 있는 기술은 사용에 관한 앎이 아니라 생산에 관한 앎으로 향해 있다. 아리스토텔레스가 수공업자의 앎과 활동을 기술할 때 그에게 중요한 것은 이 앎을 활동의 결과, 즉 활동의 작품(érgon)에서 드러내는 것이다. 그리고 작업을 완성하기 위해 사용되는 작업도구도 작품의 완성을 위한 유용성의 관점에서만 주시된다. 그에 반해 하이데거의 관심은 작업도구와 교섭하는

5] 『존재와 시간』은 목차가 잘 정리되어 있는 책이다. 따라서 나는 논의된 구절에 대한 자세한 해명을 하지 않을 것이다. 『존재와 시간』에 대한 상세한 해석은 필자의 책을 참조할 것. *Martin Heidegger, Phänomenologie der Freiheit*, Frankfurt a. M. 1988.

수공업자의 앎으로 향하고 있다. 이것이 사태에도 적합한 것으로 보인다. 다시 말해 어떤 것의 변경 또는 생산하는 일은 통상적으로 사용에 의존하고 있다. 어떤 것을 생산하는 자는 통상적으로 사용을 위해 그것을 생산한다.

사용에 관한 앎을 보다 더 정확하게 숙고해 본다면 이 앎은 결코 고립된 사태에만 국한되어 있지 않다는 것을 알 수 있다. 모든 수공업의 도구는 연관 속에 있다— 책상, 램프, 책꽂이, 필기도구, 그리고 그와 관련된 다른 것들이 작업장을 형성하고 있다. 사용에 관한 앎은 이렇게 항상 연관에 대한 앎이다. 그리고 여기에서 결정적으로 중요한 것은 어떤 실행에서도 이 연관이 주목되고 있지 않는다는 사실이다. 필기하는 중에 사람들은 만년필 꽂이를 생각하지 않는다. 오히려 필기하는 일에는 그 순간 한 번도 사용해 본 적이 없는 많은 것들이 속해 있다. 만년필을 계속 사용하기 위해 다시 채우는 잉크는 대부분의 시간 동안 사용되지 않고 주변에 놓여 있다. 사용에 관한 앎은 이처럼 낱낱의 사물들의 인식에 있지 않으며, 그 앎은 사람들이 그때마다 현실적으로 관계하는 것에만 관련되어 있지 않다. 사용에 관한 앎은 연관에 대한 친숙함이다.

그러나 규정된 연관에 대한 친숙함도 고립되어 있지 않다. 오히려 우리는 일상적으로 많은 규정된 연관들과 친숙하고, 그리고 그 연관들은 대개 전혀 눈에 띄지 않는 양식을 가진다. 연관들은 우리에게 자명하다. 그럼에도 불구하고 그 자명성은 우리가 그 연관들에 익숙해 있고, 통상적으로 아무런 문제 없이 이러저러한 "도구"와 교섭할 수 있는 거기에만 있는 것이 아니다. 그 자명성은 우리가 일상의 다양한 연관들 자체에서 스스로를 이해하는 거기에도 있다. 연관에서 규정된 사물들과의 교섭에서 우리는 하나의 규정된 방식으로 존재할 수 있다. 우리는 사물들의 교섭에서 하나의 규정된 방식으로 존재할 수 있기 **때문에** 이 사물들은 우리에게 중요하다. 이 사물들이 항상 연관에 속한다는 것을 고려한다면, 결국 우리가 규정된 방식으로 그 안에서 존재할 수 있는 것은 교섭 때문이 아니라, 오히려 사물들이 그것에 속해 있는 연관 때문이다. 그리고 많은 규정된 연관들이 우리에게 친숙하거나 또는 자명하다는 것을 고려한다면, 우리가 규정된 방식으로 그 안에서 존재할 수 있는 것은 이 연관들의 맥락이 있기 때문이다.

하이데거는 우리가 그 안에서 규정된 방식으로 존재할 수 있고, 사물들과의 친근함 속에 있으면서 구체적인 연관들을 구별할 수 있는 연관을 "세계"라고 명명한다. 우리가 이 세계 이외에 다른 곳에 존재할 수 없는 한, 현존재와 세계가 공속한다는 사실은 아주 분명하다. 그런 의미에서 현존재는 항상 세계-내-존재(In-der-Welt-sein)이다.

우리는 우리가 존재하려는 방식의 규정을 행위에서 수행하고, 그 행위는, 하이데거의 분석을 따른다면, 항상 세계연관에서 수행된다. 이 연관이 하나의 규정된 연관으로 있는 한,

우리가 행위할 수 있는 가능성은 항상 이미 확정되어 있다. 그럼에도 불구하고 우리는 또한 세계연관이 우리의 행위를 위한 자유공간이라고 해야 할 것이다. 우리가 행위하는 자유공간은 세계이다. 이것은 세계가 사물들과의 교섭에서 다양한 행위의 가능성들을 우리를 위해 준비해 놓고 있기 때문이다. 세계가 이러한 가능공간이라고 한다면 우리가 가장 먼저 세계 안에 존재하는 것이 아니다. 우리는 그때마다 이 가능성들 중의 하나를 포착하면서 존재하고 있기 때문이다. 그 순간에 우리가 실현하는 것보다 훨씬 더 많은 가능성들이 거기에 있다. 우리가 하지 못하는, 다시 말해 교섭하지 못하는 많은 가능성이 거기에 있다. 교섭의 가능성은 우리에게 개방되어 있다. 우리가 어떤 것을 "사용함"(bewenden lassen)으로써 그것이 우리에게 의미를 가지는 한, 그 어떤 것은 그의 "사용사태"(Bewandtnis)를 가진다. 어떤 것이 그의 사용사태를 가진다는 것은 우리가 그것을 그 자체에 기인하도록 하는 것(auf sich beruhen lassen)이다.[6] 어떤 것이 "사용"되는 한에서 의미를 가진다는 이 두 측면을 하이데거는 "사용사태연관"(Bewandtniszusammenhang)이라고 명명하고 그것을 세계와 연결시키고 있다. 사태연관으로서 세계는 우리에

---

[6] **역주**_"그 자체에 기인하도록 한다"로 번역한 이 말은 사용을 위해 사물이 가지고 있는 고유함을 그것 자체에서 드러낸다는 의미를 가진다. 다른 한편 이 표현은 우리의 작위적 행위가 마음대로 사물을 지배할 수 있는 것이 아니라, 사물의 고유함에 맞게 이루어져야 한다는 것을 암시하기도 한다.

게 "유의미한 것"(bedeutsam)이며, 동시에 우리가 그 안에 존재할 수 있고 행위할 수 있는 것이다. "사용사태"와 "유의미성"은 세계의 근본규정이다.

　　이것을 좀 더 구체적으로 설명하면 다음과 같다. 우리가 그때마다 현실적으로 교섭하는 것은 우리가 그 자체에 기인하도록 하는 것과의 연관 속에 항상 있다. 바로 우리가 그 자체에 기인하도록 하는 것에는 우리의 세계가 함께 형성되고 있다. 따라서 이것에 대해 사람들은 규정된 방식으로 우리가 세계 안에 존재할 뿐만 아니라, 또한 이 규정성 속에 무규정성도 작용한다고 말할 수 있다. 우리가 그 자체에 기인하도록 하는 것을 우리는 결코 완전하게 모두 다 우리의 관심으로 이끌어 올 수 없다. 거기에는 무한하게 많은 것이 있으며, 특히 관심을 가질 만한 수많은 가능성이 있다. 그리고 동일한 것에 대해서도 다른 관점을 가질 수 있으며, 이러한 모든 가능성에 대해 우리가 관심을 가질 수는 없다. 무한하게 많은 무규정적인 관점에서 사람들은 어떤 것을 그 자체에 기인하게 하도록 한다. 이렇게 볼 때 우리가 규정된 것에 관심을 가짐으로써 경험하는 자유공간은 불확정적인 것이고 비명시적인 것이다. 그렇지 않다면 우리는 결코 어떤 것에 고유하게 관심을 가질 수도 없으며, 하이데거가 명명하듯이 어떤 것을 규정된 것으로서 "발견"(entdec-ken)할 수도 없다. 우리가 존재하는 방식 때문에, 즉 우리가 세계 안에 존재하기 때문에 우리는 규정된 것으로서 존재할 뿐만 아니라 무규정적으로도 존재한다. 세계의 무규정성은 우리 자신의 무규정성이다. 그리고 세계는 우리 행위의 자유공간이기 때문에 세계의 무규정성은 우리의 자유를 형성한다. 하이데거는 『존재와 시간』의 현존재 분석에서 하나의 자유 개념을 이끌어내고 있다. 이 자유 개념은 처음으로 행위의 자유와 의지의 자유를 명료하게 연관시켜 보여주고 있다는 점에서 행위의 자유 개념(아리스토텔레스)과 의지의 자유 개념(칸트)보다 더 상위에 있다고 할 수 있다.

    지금까지의 논의를 통해 세계-내-존재에 대한 하이데거의 분석이 모두 다 제시된 것은 아니다. 대부분의 우리 활동 역시 본질적으로 타인과 관련되어 있기 때문에 고립적으로 생각할 수 없다. 흔히 우리가 하는 행동은 타인 때문에 하는 행동이다. 타인을 위한 것이 아닐 때조차도 우리의 활동은 대개 타인의 활동에 맞추기 때문에 가능할 수 있다. 우리의 활동은 타인의 활동을 보충하고, 지지하며, 또는 심지어 처음으로 타인을 자유롭게 한다.[7] 하이데거의 현존재 분석에 따르면 세계는 본

---

[7] **역주**_ "타인을 자유롭게 한다"는 의미는 뒤에서 규정성과 무규정성의 관계를 통해 다시 해명되고 있다. 뒤 참조. 하이데거의 자유는 세계에서 무규정적인 존재자의 존재를 규정할 수 있는 가능성, 즉 발견의 가능성을 의미한다. 따라서 그의 자유개념은 정치적-도덕적 의미의 자유가 아니라 존재론적인 의미를 가진다. 이러한 발견의 가능성은 현존재의 자기 규정과 함께 이루어진다. 자기 자신은 다른 무엇에 의해 규정되거나 발견되는 것이 아니라 자기가 발견하고 규정하는 만큼의 존재자의 영역, 즉 발견된 세

질적으로 "공동세계"(Mitwelt)이다. 공동세계 자체 역시 자연스럽게 옹호하거나, 아니면 대립하는 방식으로 "거기"에 존재할 수 있는 다양한 가능성의 자유공간을 제공한다.

그러나 방금 언급한 공동세계의 측면이 하이데거에게 가장 중요한 것은 아니다. 오히려 가장 중요한 것은 우리가 규정된 것으로 존재할 수 있고 존재하려고 할 때, 타인이 그것에 대해 본질적인 역할을 수행하고 있다는 사실이다. 어떤 사람도 그가 존재하고 행동하는 것이 완전히 새로운 것이라고 주장할 수 없다. 거기에서도 사람들은 항상 이미 타인에 의해 실현되어 온 존재가능성과 행위가능성으로 향하고 있다. 그뿐만 아니라 우리가 우리의 존재가능성과 행위가능성을 판단하고 있는 한, 우리가 존재하고 행위하려는 방식의 선택에서도 우리는 서로 의존하고 있다. 이것에 대한 기술을 위해서도 하이데거는 아마 아리스토텔레스로부터 자극을 받았을 것이다. 아리스토텔레스는 그의 『니코마코스 윤리학』에서 "정치적" 삶의 목표로서—여기에서는 공동체적 삶 일반의 목표로서—명예를 규

계만큼 자기 자신에 의해 발견된다. 이것을 하이데거는 현존재 자신의 열어 밝혀져 있음(Erschlossenheit)이라고 부르고, 여기에서 현존재의 자유를 사유하고 있다. 이러한 존재자의 규정가능성, 발견가능성, 그리고 자신의 열어 밝혀져 있음과 함께 타인도 함께 열어 밝혀진다. 바로 이것을 하이데거는 "타인을 자유롭게 한다"고 표현한다. 이런 의미에서 볼 때 타인을 자유롭게 한다는 말은 정치적 의미가 아니라 존재론적 의미를 가진 것이다. 이러한 존재론적 의미의 자유 개념은 『진리의 본질』에서 "존재하게 함"(Seinlassen)의 의미에서 해명된다.

정한다. 명예는 타인의 시선을 받는 위치에 서려고 하는 것이
다(EN 1095b 22-30). 이때 아리스토텔레스는 이미 타인과 관련
되어 있는 의존성(Unselbständigkeit)에 주목한다. 타인의 시선은
본래 목표가 될 수 없다. 왜냐하면 그 목표는 본래적인 좋은 삶
의 영위를 통해서만 정당성을 가질 수 있기 때문이다. 하이데
거는 이 점을 한층 더 근본적으로 파악한다. 그에 따르면 사람
들은 하나의 규정된 방식으로 그의 삶을 영위하고 있다는 사실
을 통해 이미 그들은 타인에 의존하고 있다. 왜냐하면 사람들
은 타인을 통해서만 하나의 규정된 방식으로 존재할 수 있는
가능성을 알고 있기 때문이다. 적어도 사람들이 우선 타인의
평가와 가치판단으로부터 벗어날 수 없다는 사실을 통해서도
그들은 처음부터 바로 타인에게 의존하고 있다. 이것은 기회주
의자에게든 반대자에게든 마찬가지이다. 양자는 서로 다른 방
식이지만 궁극적으로는 똑같이 타인에게 의존하고 있다.

　　공동세계가 존재하고 행위할 수 있는 규정된 가능성들
을 각인하고 있는 한, 그것은 부자유함(Unfreiheit)의 영역이다.
공동세계는 우리를 다양한 양자택일적 상황에 직면하게 하며,
우리를 이러저러하게 규정된, 이미 현실화된 관계로 향하게 하
는 규정성의 영역이다. 그렇다고 한다면 어떻게 존재할 것인가
하는 물음은 결코 근본적으로 자유롭게 제기될 수 없다. 모든
일상적인 결심은 이미 앞서 제시된 통로를 따라 움직이고, 그
결심은 항상 이미 규정된 운동의 틀 속에서 작용한다. 공동세

계 전체는 우리가 행동하는 태도와 다양한 가능성들을 앞서 규
정한다. 그러나 반드시 특정한 인물들에 의해 생겨나야 하는 것
은 아니기 때문에 그 고유한 방식에 있어서 공동세계의 부자유
함은 익명적이다. 하이데거는 그 때문에 이 부자유함을 그에
의해 유명하게 된 신조어, "일상인"(das Man)으로 지칭한다. 이
신조어를 통해 그는 모든 사람들에게 친숙한 "일상인"의 행동
을 생각한다.

그러나 여기에서 먼저 사람들이 문화비판을 떠올린다
면, 『존재와 시간』에서 언급된 "일상인"을 전혀 이해하지 못하
고 있는 것이나 다름없다. 심지어 이러한 하이데거의 기술에는
교수자격논문에서 이미 "현대적" 삶의 "피상적인 폭"에 대한
언급을 통해서 알려진 동기들이 발견되고 있다. 그러나 그것은
기껏해야 겉으로 드러난 것에 불과하다. 『존재와 시간』의 체계
적인 주장에 의해 그때마다의 "오늘"에 대한 논의 방향은 현저
하게 약화된다. 역사적 현재의 연관에 대한 논의를 철회하면서
그의 기획도 "미완성"으로 끝나게 되었다.

공동세계에 대한 하이데거의 기술은 자연스럽게 기획
초안에서 보여준 전승의 이해를 상기시킨다. 이때부터 개념들
과 사유방식들의 그림자 왕국으로부터 일상적인 평가와 가치
판단의 그림자 왕국으로의 변화가 나타난다. 이것을 대비적으
로 살펴본다면 "일상인"의 부자유함에 대응하는 자유는 "일상
인" "밖에" 존재하려고 한다고 해서 주어질 수 있는 것이 아니

다. 그것은 단순히 전통을 벗어나려고 시도한다고 해서 벗어날
수 없는 것과 마찬가지이다. 오히려 그것은 해체의 운동과 유
사하다. 중요한 것은 규정되어 있으면서 규정하는 공동세계를
투명하게 만들고, 그 공동세계의 원천으로 소급해 가는 것이다.
그러나 규정하는 공동세계의 성격은 현존재 자체의 무규정성
으로부터 생겨난다. 다시 말해 그 성격은 우리가 어떻게 존재할
것인가 하는 물음이 바로 우리 자신을 위해 제기될 수 있고, 이
물음에 대해 우리가 영원히 구속력 있는 대답을 할 수 없다는
사실로부터 생겨난다. 현존재의 무규정성은 결코 규정성으로
완전하게 옮겨질 수 없다. 무규정성이 모든 규정성을 상대화하
는 한, 그것은 현존재에서 위협적인 것으로 체험된다. 이 무규
정성에 대한 명시적인 경험은 현존재의 "본래적" 경험과 같은
의미를 가진다. 그러므로 규정성이 무규정성을 통해 제한된 것
으로서 통찰되기 위해서는 공동세계의 외적인 규정성 역시 현
존재의 무규정성으로부터 투명해져야 한다. 그때부터 사람들
은 자기 삶의 안정을 위하여 타인에게 과도하게 요구하는 대신
에 타인을 "자유롭게 한다."

　　　현존재의 무규정성에 대한 언급이 무엇을 의미하는지
가 보다 더 분명해졌다. 우리가 세계에 속하는 것을 항상 그 자
체에 기인하도록 하는 한, 우리의 존재에 있어서 우리는 무규
정적이다. 또한 행위와 관계맺음의 가능성 전체를 우리가 결코
개관할 수 없다는 사실에서도 우리는 무규정적이다. 거기에는

무한하게 많은 가능성이 있기 때문이다. 마지막으로 우리의 상호적 관계맺음은 무규정성에 의해 특징지어진다. "규정되어 있으면서", "규정하는" 우리는 항상 서로를 경험할 수 있다. 그와 마찬가지로 우리 중의 어느 누구도 자신이 내맡겨진 상태에서 알려지게 되는 규정성에만 있지 않다는 것도 분명한 사실이다. 이러한 무규정성의 세 측면을 하이데거는 현존재 개념을 대체할 수 있는 하나의 개념을 도입하여 정리하고 있다. 그 개념은 다름 아닌 "열어 밝혀져 있음"(Erschlossenheit)이다. 다시 말해 무규정성은 본래적으로 현존재의 "존재"이다. 그리고 하이데거의 말처럼 "현존재는 열어 밝혀져 있음이다"(GA 2, 177/133).

왜 하이데거가 이러한 표현을 선택했는지는 그가 "열어 밝혀져 있음" 대신에 "열려 있음"(Aufgeschlossenheit)이라는 용어를 사용하고 있다는 것을 고려한다면 아마도 가장 잘 이해할 수 있을 것이다(GA 2, 101/75). 새로운 것 또는 낯선 것에 스스로 개방되어 있다고 여겨질 때 사람들은 일상어의 의미에서 "열려 있다"고 한다. 열려 있음은 가능성의 의미(Möglichkeitssinn)이며, 이 가능성의 의미는 하이데거가 이해한 것처럼 우리가 가능성에 대하여 자신을 닫으려고 하는 바로 그때에도 나타난다.

이로써 우리는 이미 "열어 밝혀져 있음"의 용어적인 의미에 바로 접근한 셈이다. 이 용어가 『존재와 시간』에서 아리스토텔레스가 제시한 누스 개념의 관점에서 논의되고 있다는 것을 고려한다면 하이데거에서 이 용어가 어떤 위상을 가지는

지를 확연하게 알 수 있을 것이다(GA 2, 177/133). 열어 밝혀져
있음은 직접적 앎, 즉 가능존재(Möglichsein)를 인지하는 것이다.
이 앎은 우리를 규정하는 것도 아니며, 그렇다고 해서 우리가
그 앎을 가지는 것도 아니다. 오히려 우리가 앎이다. 열어 밝혀
져 있음은 존재이면서 곧 직접적인 존재이해이다.

　　그러나 하이데거가 "열어 밝혀져 있음"으로 명명된 가
능성의 의미가 구체적으로 어디에서 성립하는지를 제시할 수
없다면 그것은 단순한 확신에 그치고 말 것이다. 이것을 명확
히 함으로써 그는 다시금 이미 개진된 세계의 세 규정, 즉 사용
사태, 유의미성, 공동세계를 재차 강조할 수 있을 것이다. 따라
서 그는 우리가 교섭할 수 있는 사물의 연관, 존재할 수 있는
고유한 가능성, 우리의 관계맺음이 서로 그때마다 어떻게 무규
정성에서 경험되는지를 제시한다.

　　하이데거가 연구한 열어 밝혀져 있음의 세 형식들은 "처
해 있음"(Befindlichkeit), "이해"(Verstehen), "말"(Rede)이다. 그 중
에서 먼저 그는 "처해 있음"을 통해 사람들이 기분에 "처해 있
는" 한, 그들이 그 안에서 존재할 수밖에 없는 방식을 생각한다.
기분에서 우리는 세계의 자유공간을 경험한다. 그 점에서 우리
에게 세계는 우리가 교섭할 수 있는 것을 우리를 위해 그것의
개방성에서 경험하게 한다. 특히 이것은 후기 강의에서 하이데
거가 상세하고 예리한 분석을 통해 제시하는 권태(Langeweile)
에서 해명된다(GA 29/30). 권태로울 때 사람들은 그들이 몰두할

수 있는 것을 경험한다. 그런데 아무 것에도 몰두하지 않음으로써 점점 더 권태로워지면 그만큼 더 사람들은 뚜렷하게 그들이 몰두할 수 있는 것을 경험한다. 이것은 소위 "고조된 기분"에서도 근본적으로 다르지 않다. 어떤 일들이 손쉽게 해결될 때, 고생으로부터 자유롭게 되었다는 기분에서 사람들은 세계의 개방성을 경험한다. 사람들은 그들이 세계의 개방성에 존재하며, 세계 안에 있지 않을 수 없다는 사실을 근본적으로 기분에서 경험한다. 이것에 대해 하이데거는 이미 잘 알려진 낱말인 "현사실성"(Faktizität)을 사용한다.

"이해"는 그와 다른 관점을 가진 가능성의 의미이다. 여기에서 중요한 것을 다시금 하이데거는 우선 그 표현의 일상 언어적 의미를 통해 해명한다. 어떤 것을 이해한다는 것은 "어떤 것에 자신이 있다", "어떤 것을 할 수 있다"는 것을 의미할 수 있다. 사람들은 이러한 의미에서 이해한 것과 교섭할 수 있다. 이제 이 내용은 "이해"의 용어적 의미에서 일반화됨과 동시에 규정된 방식으로 강조된다. 그 강조점은 "할 수 있음"(Können)에 놓여 있고, 그 다음으로 "이해"는 우선 직접적인 인지, 가능성에 대한 직접적인 앎, 나아가 존재할 수 있는 가능성들에 대한 앎을 나타낸다. 이 가능성들은 아직 파악되지 않은 것이며, 어떤 것을 선택해야 할지에 대해서 생각하지 않은 것이다. 마지막에 언급한 것, 즉 존재할 수 있는 가능성들에 대해 하이데거는 "해석"(Auslegung)이라는 용어를 준비한다.『존재와

시간』에서 전개되고 있듯이 이해에서 본질적인 것은 존재할
수 있는 가능성들이 "그 자체에서 주제적으로 파악되어 있지
않다"는 사실이다(GA 2, 193/145). 다시 말해 존재할 수 있는 가
능성들에 대한 직접적인 앎은 순수하게—어떤 사람 자신을 위
해—존재할 수 있는 가능성이 있다는 사실에 대한 앎이다. 따
라서 이 앎은 사람들이 항상 가능존재에서 자신을 경험하고 있
다는 사실을 포함한다—존재해야 함(zu sein)이 그에게 앞서 있
다는 사실과 바로 그 존재가 근본적으로 무규정적이라는 사실
을 사람들은 이해에서 경험한다.[8] 사람들은 그들이 어떻게 존
재하게 될 것인가에 대해 알지 못한다는 사실을 직접적으로 알
고 있다. 앞서 있는 존재에 대한 직접적인 앎을 하이데거는 "기
투"(Entwurf)라고 명명한다. 이해는 이처럼 항상 자기 이해이
며, 심지어 자신에 대한 어떤 반성적 관련도 없는 직접적인 자
기 이해이다. 앞서 있는 존재의 무규정성을 경험함으로써 사람
들은 자신을 경험한다. 이 경험은 자신에 대한 반성을 통해서
이루어지는 것이 아니다.

　　하이데거가 열어 밝혀져 있음의 세 번째 형식으로서 말
을 끌어들인 것에 대해 사람들은 아마도 의아하게 여길 것이

8] **역주_** "bevorstehen"에 대한 번역 "앞서 있다"는 뒤에서도 계속해서 나온다.
"앞서 있다"는 것은 문자적으로 상태를 의미하는 것으로 들리지만, 어떤
눈앞에 있는 상태가 아니라 이해의 시간적 계기로서 장래를 의미한다.

다. 왜 말이 가능성의 의미가 되는지를 사람들은 금방 이해하기 힘들다. 이것을 잘 이해하려면 관련된 『존재와 시간』의 구절에서 하이데거가 말을 그때마다의 언어구사가 아니라, 타인에게 전달하고 그렇게 함으로써 타인들과 공동으로 존재할 수 있는 다양한 가능성들로의 언어 분절(Gliederung der Sprache)로서 파악하고 있다는 것을 염두에 두어야 한다.⁹ 그리고 왜 하이데거가 말을 공동존재의 활동공간으로서 이해하는지에 대해서는 들음(Hören)이 말을 위해 "구성적"이라고 언급한 구절을 연결하여 읽을 때 분명하게 드러난다. 왜냐하면 타인을 위한 공동존재로서 현존재의 개방존재는 바로 그 들음에 놓여 있기 때문이다(GA 2, 217/163). 이에 덧붙여 하이데거는 "말함의 본질적 가능성"으로서 침묵을 끌어들인다(GA 2, 218/164). 침묵하는 자만이 타인에게 귀를 기울이고, 소통의 매개를 가지고서는 결코 드러날 수 없는 타인의 본질적 양상에 대한 일치와 이해가—공동의—침묵에서 제시될 수 있기 때문이다.

다양한 형식들로 제시된 열어 밝혀져 있음의 분석은 삼중적 분류를 통해 구축된 『존재와 시간』의 건축술을 반영하고 있다. 그러나 사람들은 이 분류로부터 열어 밝혀져 있음의 세

9] **역주_** 여기에서는 존재론적–실존론적으로 더 근원적인 "Rede", "reden"을 파생적 관계에 있는 "Sprache", "sprechen"와 구별하기 위해 전자를 "말", "말함"으로, 그리고 후자를 언어, 언어구사로 번역한다. 그러나 하이데거의 후기 언어사유에서는 이러한 구별은 통용될 수 없다.

형식들을 각각 독립시키는 방향으로 이끌고 가서는 안 된다. 앞서 있는 존재의 경험이 항상 기분에 젖어 있고, 또한 타인을 위한 개방성과 관계한다는 것을 숙고한다면, 그 형식들이 항상 공속하고 있으며 고유한 존재에 대한 직접적인 경험을 공동으로만 형성한다는 사실을 즉시 알 수 있다. 다른 한편 앞서 있는 고유한 존재에 대한 태도는 사람들이 타인을 위해 개방적으로 있는 바로 거기에서 결정된다. 현존재에서는 열어 밝혀져 있음의 어떤 형식도 그 자체로 경험되지 않고, 오히려 그 형식들은 그것들이 분류되어짐으로써 통일적인 경험을 형성한다.

　　그러나 이 경험은 항상 명시적인 것이 아니다. 우리가 "거기"에 존재하는 한, 우리는 분명히 열어 밝혀져 있음으로 있다. 그러나 단순하게 열어 밝혀져 있음으로만 존재하고 있지는 않다. 오히려 우리는 우리의 존재와 동시에 열어 밝혀져 있음을 피하려고 한다. 우리가 그것들을 진정으로 받아들이려고 하지 않기 때문이다. 우리는 현존재의 "운동성"에서 열어 밝혀져 있음을 폐쇄하려고 노력한다.

　　이것이 의미하는 것은 이미 다음과 같은 진술에서 밝혀진다. 열어 밝혀져 있음은 고유한 가능존재와 고유한 무규정성에 대한 직접적인 앎과 확실성이다. 열어 밝혀져 있음의 폐쇄성은 가능한 한 규정된 것으로서 존재하려고 하는 거기에서 성립한다. 물론 여기에서도 항상 고유한 무규정성만을 확인할 수 있을 뿐이다. 하이데거는 이러한 노력을 특징짓기 위해 기획초

안에서 다루었던 개념, 즉 퇴락(Verfallen)의 개념을 다시 가져온
다. 퇴락은 무규정성에서 규정성으로 옮겨가려는 현존재의 운
동이다. 무엇보다도 이 운동은 그것과 연관하여 언급되고 있는
"잡담"과 연결되어 수행된다. 여기에서 하이데거가 기획초안
에서 왜 앎의 형식들을 그것들의 언어적 해명과 구별하는지를
분명하게 알 수 있다. 그 자체로 볼 때 이 앎의 형식들은 중립적
이고, 단순하게 현존재의 일상성만을 형성한다. 그러나 그것들
의 언어적 해명과 설명은 경향적으로 "일상인"의 전횡 아래 놓
인다. 다시 말해 그 해명과 설명은 종종 타인에 대립해서 자신
을 형성하거나 또는 타인에게 순응하려고 하는 경향에 종속되
어 있다. 사람들은 그들이 타인에게 대하는 방식대로 타인에게
말한다. 그리고 그러한 형성과 순응이 사람들이 행동하고 행동
할 수 있는 것보다 더 중요하게 여겨진다. 이때 사람들은 "잡
담"(Gerede)에 빠지게 된다.

　『존재와 시간』의 구상에 따르면, 이때부터 이미 말해진
것의 그림자 왕국으로부터 벗어나도록 인도하는 철학은 이제
더 이상 있을 수 없다. 그렇게 하기 위해서 철학은 사람들이 안
주하고 있는 규정된 것, 즉 이미 말해진 것—그리고 이미 기록
된 것—을 무규정적인 것의 현상으로서, 즉 개방성에 대한 근
원적 경험의 반영으로서 투명하게 드러낼 수 있어야 한다. 개
방성과 무규정성에서 가능존재를 다시 해명하는 일은 이제 더
이상 근원적인 물음을 반복한다고 해서 이루어질 수 있는 것이

아니다. 오히려 현존재의 기초분석이 그러한 철학적 물음의 가능성을 비로소 통찰할 수 있을 것이다. 현존재의 기초분석에 의한 통찰은 철학 이전의 경험, 즉 현존재를 그의 개방성으로 되돌릴 수 있다. 그 경험은 다름 아닌 "결단"(Entschlossenheit)의 경험이다. 사람들은 여기에서 의지적 노력의 활동이나 그와 유사한 행위를 생각해서는 안 된다. 오히려 "결단"이라는 용어는 퇴락의 "폐쇄성"에 대한 부정으로서 이해될 수 있다. "결단"은 반복(Wiederholung), 즉 "열어 밝혀져 있음"을 다시 가져 오는 것(Wiederzurückholen)이다.

『존재와 시간』의 건축술에 따르면 결단도 다시 삼중적 분류로 정리된다. 하이데거가 제시하려고 하는 것처럼 전체적으로 결단을 형성하는 것은 특별한 기분, 특별한 이해, 말의 특별한 각인력이다. 거기에서 불안의 기분, 죽음의 "선구적" 이해(das vorlaufende Verstehen), 침묵에서 일어나는 양심의 "부름"이 문제가 된다.

『존재와 시간』에서 나오는 어떤 다른 것보다 불안, 죽음으로의 선구, 양심에 대한 분석들은 하이데거를 읽는 독자의 주의를 끄는 것이다. 이 분석들은 독자들에게 어려움을 야기하고, 비평가들의 날카로운 비판은 물론 논쟁을 불러일으키고 있다. 이러한 사정은 이해할 만한 것이다. 왜냐하면 현존재에 대한 기초분석의 전체적인 구상이 그 분석들을 통해 성립하며 분명하게 드러나기 때문이다. 나아가 하이데거는 여기에서 현존재의 "존재론 이전의 존재이해"에 대한 그의 논제를 해명하겠다고 약속하고 있다. 이 해명에서 기대할 수 있는 것은 상세한 설명을 필요로 하는 것이 더 이상 아니다. 다시 말해 불안, 죽음으로의 선구, 양심의 부름은 현존재의 개방성과 무규정성에 대한 근본적인 경험이어야 한다. 나아가 근본적으로 규정성과 "비본래성"으로의 퇴락을 중단할 수 있는 것은 바로 그것들이다.

불안을 살펴보자. 불안이 그러한 양식의 경험이라는 것을 파악하는 것은 그다지 어렵지 않다. 불안은 가능성에 대한 경험이다. 그것을 이미 키에르케고르는 그의 저작『불안의 개념』에서 강조하였다. 하이데거 역시 이 책에 많은 것을 빚지고 있다. 불안한 사람은 어떤 규정된 것에 의해 위협을 받는 것이 아니다. 최고의 불안은 심연의 가장자리에 안전하게 있기 때문에 결코 깊은 곳으로 추락할 수 없을 것이라고 사람들이 자신을 안심시킨다고 해서 제거되는 것이 아니다. 그렇다고 해도 추락의 순수한 가능성은 밀어닥친다. 그와 동시에 불안은 심지어 사람을 마비시키기까지 한다. 현기증을 일으키는 심연의 압박을 피해보려고 사람들은 가장 가까이 있는 것을 붙잡고 무엇인가를 해보려고 하지만 불안에서는 그것조차 할 수 없다. 이러한 행위의 무능력은 무엇보다도 하이데거의 분석에서 중요한 의미를 가진다. 세계, 그리고 거기에서 우리가 교섭할 수 있는 것은 **개방되어** 있으며, 사람들은 그것을 정확하게 알고 있다.

다시 말해 사람들은 그들이 교섭할 수 있는 것과 이러저러하게 관계를 맺을 수 있다는 것을 알고는 있지만 아무 것도 할 수 없게 된다. 불안에서 사람들은 세계의 개방성에서 존재할 수 있는 가능성이 장악될 수 없다는 사실을 통해 세계의 개방성을 경험한다.

　　하이데거가 발전시킨 "죽음으로의 선구"에 대한 분석은 그렇게 단순하지 않다. 하이데거는 이 문제를 다른 숙고들과 연결시켜 아주 독특하게 기술하고 있다. 거기에서 사람들은 하이데거가 중요한 문제로 생각하고 있는 것을 쉽게 간파할 수 있다. 그것은 고유하게 앞서 있는 존재의 명시적이고 근원적인 경험, 즉 이해의 형식에 놓여 있는 열어 밝혀져 있음의 명시적이고, 근원적인 경험이 자신의 죽음의 확실성과 관계하고 있다는 사실이다. 고유하게 앞서 있는 존재의 무규정성은 내가 계속해서 존재할 수 있을까 하는 물음과 함께 제시된다. 그리고 이 근본적인 무규정성은 흔히 생각하듯이 많고 적은 연령의 상태와 연관되어 있는 것이 아니라 삶의 모든 계기에 놓여 있다. 하이데거가 "죽음으로의 선구"에 대한 분석에서 중요한 문제로 여기는 것은 확실한 죽음의 근본적인 불확실성이다. 우리는 우리가 죽어야 하는 것을 알고 있지만 언제 죽을지는 알지 못한다.

　　죽음의 문제에 대한 하이데거의 관심이 그의 중심적인 사유에 뿌리를 내리고 있다는 사실은 이미 1921/22년 겨울학

기 강의의 모토—"원천에 대한 감사의 표시"—를 환기시켜
준다. 거기에는 키에르케고르의 인용과 함께 루터의 창세기 해
석에서 나오는 한 구절이 발견된다. "확실히 우리는 모태로부
터 죽음을 시작하고 있다"(statim enim ab utero matris mori incipimus)
(GA 61, 182).[10] 이 구절의 내용에 대해서는 논란의 여지가 없다.
우리는 죽음이 그렇다는 것을 알고 있다. 그러나 우리가 우리
의 고유한 현존재의 관점에서 경험하듯이 죽음은 우리에게 그
렇게 분명하게 다가오지 않는다. 우리는 타인의 죽음을 통해
죽음에 대해 알게 된다. 하이데거에 따르면, 이 앎은 "죽음으로
의 선구"에서 볼 때 아직 본질적인 것이 아니며, 나아가 중요한
의미를 가지지 못한다. 하이데거의 분석에서 경험되어야 할 죽
음은 오히려 순수한 가능성 이외에 다른 것이 아니다. 그렇지
만 우리는 죽음을 항상 타인의 죽음을 통해서만 알기 때문에
순수한 가능존재에 대한 고유한 경험이 왜 여전히 "죽음으로
의 선구"로서 규정되어야 하는지를 인식할 수 없다. 그러한 경
험에 직면해서도 사람들은 기껏해야 타인의 죽음에 대한 경험
이 우리를 근본적인 가능성과 무규정성에 대면하게 했다고 말
할 것이다. 왜냐하면 이 경험은 우리 자신에게 옮겨질 수도 없
고 어떤 표상에 의해서 따라잡을 수도 없는 것이기 때문이다.

10] 독일어 번역은 다음과 같다. "Sogleich nämlich vom Mutterleib an beginnen
wir zu sterben."

하이데거도 이것을 생각하지 않은 것은 아니다. 그렇지만 그에게 있어서 진정한 "죽음으로의 선구"는 앞서 있는 존재의 무규정성으로 향하는 "선구"이며, 아주 위태로운 상황에서 이 경험은 극단적으로 고양될 수 있다. 그러나 하이데거가 중시하는 경험은 앞서 있는 것이 극단적으로 표상으로부터 벗어나는 그때에 이루어진다. 사람들은 이때 고유하게 앞서 있는 존재를 무규정성에서 이해하게 된다. 나아가 사람들은 규정된 모든 기획, 규정된 모든 계획, 모든 표상이 항상 바로 이 무규정성에 대한 대답일 수밖에 없다는 것을 이해한다. 죽음에 대한 분석에 내재하고 있는 난해함은 이것으로 끝난 것이 아니다. 죽음의 분석이 수행해야 할 문제의 해결은 양심의 분석으로 옮겨간다.

　　하이데거는 불안의 관점에서 키에르케고르를, 죽음과 가사성(Sterblichkeit)의 관점에서 루터를 주목했던 것처럼 양심분석의 관점에서는 아리스토텔레스를 주목한다. 심지어 아리스토텔레스는 그 분석을 위한 결정적인 원천이 된다. 더 정확하게 말해서 그 원천은 『니코마코스 윤리학』에 있는 한 소견이다. 그것에 따르면 프로네시스에 대해서는 어떠한 망각도 있을 수 없다는 것이다(EN 1140b 29 이하). 행위의 임의적인 수행과는 달리 프로네시스는 망각될 수 없다. 왜냐하면 거기에는 전적으로 행위의 불가피성이 현재하기 때문이다.

　　양심이 말이라는 열어 밝혀져 있음의 형식에 귀속되어 있다는 것을 기억한다면, 양심의 중심적 역할이 결단과의 연관 속에 있다는 것을 즉각 알 수 있다. 퇴락의 폐쇄성은 현존재의 무규정성을 망각하게 만드는 규정성을 가진 "잡담"에서 자신을 확보하려는 거기에서 성립한다. 그리고 이 무규정성에 대해서 어떤 망각도 있을 수 없다면, 무규정성의 "망각되지 않음" 또한 근본적으로 말에 담겨 있어야 한다. 그러나 말에는 그 본질적인 탁월함이 부각되는 방식들 중의 하나로서 침묵이 속한다. 다시금 침묵은 통상적인 설명들과 유화정책, 그리고 서로 비교하여 모든 인간의 개별성과 유일함을 강하게 드러내려는 시도들을 막아내는 역할을 할 수 있다. "양심의 부름"은 잡담을 중단시킨다.

결단에 대해 서술된 세 형식들은 다음과 같이 요약될 수 있다. 결단은 불안에 의해 기분에 젖어 있으며, 양심의 부름에 의해 잡담으로부터 자유롭게 된 이해이다. 세계연관 속에 규정된 방식으로 존재하려는 모든 계획에는 이해가 있다. 그 이해는 그의 무규정성에서 고유하게 앞서 있는 존재에 대한 대답으로서 제시되고, 그러한 관점에서 유지되는 것이다. 프로네시스의 규정에 대한 이러한 사유의 접근은 아리스토텔레스에서 두드러지게 드러난다. 그러나 이제 그때마다의 행위가 투명해지는 지평으로서 전체 삶의 영위는 더 이상 문제가 되지 않고, 오히려 무규정성 속에 있는 고유한 존재가 중시된다. 아리스토텔레스의 구상처럼 "본래적" 이해에서 구체적인 숙고와 결단은 더 이상 삶의 현실성과 연관되어 있지 않고 오히려 행위, 즉 규정된 모든 관계맺음 일반은 현존재의 개방성에 개입된 상태에서 등장한다. 규정된 것은 가능적인 것의 개방성, 그리고 그 안에 있는 무규정적인 것에 속한다. 규정된 것은 전적으로 무규정적인 것의 활동공간에만 있다. 무규정적인 것에 의지하여 규정된 것이 나타날 수 있으며, 규정된 것이 나타나는 곳에서 무규정적인 것은 활동공간의 개방성을 증명한다. 규정된 것은 무규정적인 것의 현상이며, 무규정적인 것은 규정된 것의 존재이다. "존재", 그것은 하이데거에서 항상 개방된 장(das Offene)의 무규정성을 의미한다. 규정된 것과 무규정적인 것은 다르다. 왜냐하면 규정된 것은 무규정적인 것에 속하고, 무규정적인 것과 완전히 구별되기 때문이다. 공속성과 차이성을 이끌어 내는 것은 퇴락과 마찬가지로 결단에서 현존재를 그의 운동성에서 형성하는 것이다. 그러나 결단에서 이끌어낸 것만이 고유한 존재에 대한 **명시적** 이해이다.

존재와 존재이해에 대한 구상을 통해 하이데거는 아리스토텔레스의 존재론과 결정적으로 다른 강조점을 이끌어낸다. 그는 가능성과 현실성, 즉 무규정성과 규정성의 관계를 전도시키고 가능성과 무규정성에 우위를 부여한다. 이런 방식으로 하이데거는 그의 "현존재의 기초분석"이 이끌어낸 중심적인 결과를 통해 아리스토텔레스뿐만 아니라 모든 전통의 해체를 위한 길을 개척한다. 이때 전통은 가능성과 현실성의 우위가 전도된 관점에서 규정되며, 후기 하이데거에서 이 전통은 플라톤으로부터 니체, 나아가 세계의 과학적-기술적 구축에까지 이르는 모든 것을 말한다. 그리고 그후, 심지어 그의 『철학에의 기여』(1936-1938)와 그것의 집필과 함께 진행된 강의 이후에도 이 전통은 그에게 "형이상학"을 의미하는 것이었다. 아쉽게도 여기에서 우리는 그것까지 모두 다 다룰 수는 없다. 하이데거가 1930년대에 발전시킨 구상은 『존재와 시간』-기획의 "미완성"에 근거하고 있다. 이 미완성을 이해하기 위해서 사람들은 그 기획 전체를 이해해야 한다.

시간 : 시간성과 존재시성

"현존재의 기초분석"이 현존재의 시간적 이해를 근간으로 한다는 사실은 이해에 대한 하이데거의 규정에서 아주 명백하게 드러난다. 이해가 무규정적으로 앞서 있는 존재의 직접적 인지라고 한다면 이해의 장래성(Zukünftigkeit)이 즉각적으로 드러날 것이다.[11] 또한 처해 있음의 시간적 성격도 어렵지 않게 통찰될 수 있다. 사람들은 항상 기분에서 현재하고 있다. 기분

11] **역주**_ "Zukunft"는 미래(未來) 또는 도래(到來)로 번역되고 있다. 그러나 미래는 하이데거가 차별화하려는 비본래적 시간의 의미가 강하며, "도래"는 "Zukunft"의 의미보다 "Ankunft"의 의미에 가깝다. 이 책에서는 도래를 "Ankunft"에 대한 번역어로 사용할 것이다. 그리고 "Zukunft"에 대

에서 세계의 개방성이 경험되며, 그때 관계맺음의 자유공간이 제시된다. 바로 거기에 우리는 이미 "기재"하고 있다. 이러한 정식화와 연결하여 사람들은 또한 왜 하이데거가 "과거"(Vergangenheit) 대신에 "기재"(Gewesenheit)라고 말하는지를 이해하게 된다. "기재"는 현존재와 관계하지만, 반면 "과거"는 고립되어 관찰되는 이전 사건들의 시간형식이다. 우리는 항상 그때마다의 행위에서 우리가 "기재하여" 온 그 무엇이기도 하다. 우리는 무엇보다도 세계의 가능공간에 "기재"하고 있다.

말의 시간적 성격을 파악하는 일은 좀 더 어렵다. 왜냐하면 말은 한편으로 타인을 위한 개방성으로서, 그리고 우리의 상호 관계맺음을 위한 가능성으로서 규정된다는 점에서 이해의 장래성을 공유하는 것처럼 보이기도 하고, 다른 한편으로 말을 통해 우리의 상호 관계맺음을 위한 가능성이 앞서 주어지기도 하기 때문이다. 말은 가능공간이며, 그러한 방식을 통해 명시적으로 공존할 수 있는 가능성을 앞서 부여한다. 그 가능성은 규정된 전달, 또는 약속, 부탁, 명령, 소원과 같은 "언어행위", 또는 진술에서 실현된다.

그러나 말은 본질적으로 말 되어지는 모든 것을 **현재적으로** 만드는 고유한 속성을 가지고 있다. 따라서 하이데거가 말

해서는 본래적 시간의 의미를 살리면서도 일상적으로도 사용되고 있는 "장래"(將來)로 번역할 것이다.

에 대해 다음과 같이 언급하는 것은 전혀 이상한 것이 아니다. "현재적인 것"은 말에서 "탁월한 구성적 기능"을 가진다(GA 2, 462/349). 물론 이것으로 완전히 만족할 수는 없다. 말을 현재에 국한시키는 것은 강제적인 측면이 있다. 하이데거 자신도 이것에 만족하지 않았다. 그가 『존재와 시간』 이후 언어와 말에 대한 새로운 구상에 착수했다는 사실이 그것을 증명하고 있다.

열어 밝혀져 있음의 세 형식들에 속하는 시간적 성격을 부각시켜 본다면 그것들을 따로 분리하여 고찰할 수 없다는 사실이 새롭게 드러난다. 장래, 기재, 현재는 본질적으로 공속한다. 그것들의 연합작용은 우리가 "시간경험"이라고 지칭하는 것을 비로소 형성한다. 이 연합작용은 열어 밝혀져 있음의 세 형식들에 속한 연합작용을 다시금 통찰하게 한다. 무규정성에서 이해된 앞서 있는 존재는 사람들이 어떻게 존재하려고 하는가 하는 물음에 직면하며, 이 물음은 사람들이 그 안에 이미 기재하는 세계의 개방성에서만 현재적 행위를 통해 공동으로 대답되어야 한다.

시간의 세 형식들—장래, 기재, 현재—은 공속한다. 다시 말해 사람들은 시간의 다른 형식들을 지시하지 않고서는 어느 한 형식에만 머물러 있을 수 없다. 그럼에도 불구하고 시간의 세 형식들은 서로 엄격하게 배타적이며, 각기 다른 것들과 근본적으로 구별된다. 그리고 그 형식들 중에 어떤 것도 다른 것에 포섭되지 않는다. 하이데거는 시간의 형식들을 "탈자태"

(Ekstasen)로 지칭함으로써 이것들의 직접적인 공속성을 파악하려고 한다. 그것이 바로 하이데거가 『자연학』에 있는 아리스토텔레스의 소견에서 이끌어낸 개념이다. 아리스토텔레스에 따르면 모든 직접적인 변화(metabolé)는 "엑스타티콘"(ekstatikon)의 성격을 가진다(Physik 222b 16). "엑스타티코스"(ekstatikos)는 어떤 것으로부터 분리될 수 있고, 자기 자신을 초월할 수 있음을 뜻한다. 그리고 이것은 사실상 시간의 형식들로 언급될 수 있다. 왜냐하면 모든 시간의 형식들은 자신을 초월하는 방식으로 있으며, 시간의 다른 형식들로 "변환"(umschlagen)되는 방식으로 성립하기 때문이다. 그 어떤 형식도 다른 형식들이 없다면 성립될 수 없다.

정확하게 말한다면, 물론 사람들은 시간의 형식들에 대해 그것들이 "있다"고 말할 수 없다. 존재하는 모든 것이 시간 안에 있다고 할 때에도 거기에 시간 자체는 없다. 이미 아리스토텔레스는 시간을 다룬 『자연학』의 4권에서 시간이 존재자에 속하는지에 대한 물음을 논의했고, 거기에서 그는 시간은 오히려 없다는 결론에 이르렀다. 왜냐하면 과거에도, 장래에도 존재가 귀속될 수 없기 때문이다(Physik 217b 30-218a 3). 하이데거는 결과적으로 본다면 아리스토텔레스를 따르고 있지만 그 근거제시조차 따르고 있는 것은 아니다. 하이데거에게 존재—현존재—는 시간적으로만 이해될 수 있기 때문에 바로 그런 이유에서 시간은 존재하지 않는 것이다. 우리가 존재하지 않으면

서 시간을 경험할 수 없듯이 오히려 우리는 시간적으로 존재한
다. 이것은 초기 강의에서 논의되었던 "현존재"라는 개념의 의
미를 수정하도록 만들었다. 더 정확하게 고찰한다면, 우리 존재
의 "거기"는 어떤 "현존"이 아니다. 오히려 우리는 장래, 기재,
현재에 존재함으로써 우리는 "거기"에 있다.

　　하이데거가 저작의 1부를 "시간성에서 현존재를 해석"
하는 것으로 지칭하면서 이미 그는 저작의 개요에서부터 현존
재와 시간성의 관계에 대한 규정을 부여하고 있다. 이것은 1부
앞의 두 개의 절[1, 2절]과 연결되고 있다. 반면 "존재에 관한
물음의 초월적 지평으로서 시간에 대한 해명"은 3절, "시간과
존재"를 위해 유보되어야 했다. 1부의 목차가 보여주듯이 시간
성에 대한 논의는 더 이상 "현존재의 예비적 기초분석"에 속하
는 것이 아니다. 오히려 "시간성에서 현존재를 해석"하는 작업
이 비로소 현실적으로 담겨질 고유한 절은 따로 할애되어 있었
다.

　　여기에서 "해석"이라는 것은 단지 문헌에 대한 명시적
이고 구체적인 추체험을 드러내는 것 이상을 나타낸다. 문헌을
해석하는 자는 항상 그 이상의 것을 말하며, 그 문헌과는 다른
것을 말한다. 이러한 의미에서 현존재 해석을 이해한다면 "현
존재와 시간성"의 관계에 대한 논의가 궁극적으로 존재이해만
을 추적하고 있지 않다는 사실이 명백하게 드러난다. 존재이해
는 일상성 속에 있는 현존재에게, 그리고 철학 이전의 또는 "존

재론 이전의" 현존재에게 특징적인 것이다. 당연히 현존재의 "기초분석"도 이미 철학적이라고 할 수 있다. 그렇다면 기초분석은 『존재와 시간』의 구상에 따라 사람들이 철학 이전에 알고 있는 구조들만을 명시적으로 드러내야 할 것이다. 그렇지 않을 경우, 하이데거가 결단에 대해 말하려고 했던 것이 불명료해지기 때문이다. 이에 반해 시간성에서 현존재를 해석하는 작업은 일상적 존재이해 자체에서 수행될 수 없는 것을 전달하려는 성격을 갖는다.

　　　이것은 일상적 현존재의 시간성이 완전하게 다루어질 수 없다는 것을 말하는 것이 아니다. 하이데거가 시간성에서 현존재를 "해석"하겠다고 말할 때에는 시간성에 대한 철학적 개념파악과 구별되는 철학 이전의 경험이 가지는 차이성에만 주목하려는 것이다. 그리고 그는 철학적 개념파악에서 시간이 더 이상 철학 이전의 현존재에서 경험하는 것과 동일한 방식으로 경험되지 않는다는 것을 지적하려고 한다.

　　　이것을 명백하게 보여주기 위해서는 한 번 더 이해의 장래성에 대한 아주 세밀한 검토가 요구된다. 이해에 대해서 우리는 앞에서 이해가 존재할 수 있는 가능성들임은 물론, 고유한 가능존재에 대한 직접적 앎, 직접적 인지라고 말하였다. 이 인지는 그 가능성들 중 하나가 규정된 것으로서 파악되고, 사람들이 존재하려는 방식에 대한 물음의 대답으로서 포착되기 위한 조건이다. 하이데거는 이것을 이해의 "해석"이라고 부른다. 해석에서는 현존재의 장래성도 나타난다. 우리가 존재할 수 있는 하나의 규정된 가능성을 포착하는 그때 우리는 규정된 장래를 결단한다. 그것은 행위를 주도하는 결정의 형식일 수도 있으며, 표상의 형식일 수도 있다. 그것은 표상된 가능성이 현실화되지도 않으며 될 수조차 없다고 할지라도 우리가 기꺼이 되고 싶어하는 것을 말한다. 따라서 장래는 한편으로는 무규정적이고, 다른 한편으로는 규정적이다. 이때 무규정적인 장래가 우위를 가진다는 사실은 즉각적으로 드러난다. 만약 장래가 무규정적인 것이 아니라고 한다면 어떻게 존재할 것인가에 대해 우리는 더 이상 고민을 할 필요조차 없기 때문이다.

그러나 규정적이면서도 무규정적인 장래는 아직 다른 관계에 놓여 있기도 하다. 그 이유는 일상적 현존재에서 무규정적인 장래가 앞서 있는 존재의 시간성으로서 항상 우리가 대답해야 할 물음으로서 나타난다는 거기에 있다. 따라서 무규정적인 장래는 규정된 것의 조건일 뿐만 아니라, 나아가 그것은 일상적으로 이러한 물음에서 하나의 규정된 가능성을 포착하여 대답을 제시하는 것과 밀접하게 연관되어 있다.

일상적 현존재에서 특히 중요할 뿐만 아니라, 본질적인 것은 이러한 물음과 대답의 상호작용이다. 하이데거에서 일상적 현존재 분석이 아리스토텔레스의 프로네시스 분석으로부터 발전되었다는 사실을 잊어서는 안 된다. 프로네시스는 행위 자체에서 작동하는 앎의 형식이다. 일상적 현존재에 대한 하이데

거의 개념은 아리스토텔레스의 프로네시스 개념과 분명하게
구별되는 것이지만 그 성격에서 있어서는 같은 것이다.

그러므로 무규정적인—일차적—장래는 일상적으로 규
정적인—이차적—장래의 관계에서만 항상 경험된다. 이것은
장래의 관점에서 제시되는 일상적 현존재에 대한 독특한 시각
을 형성하고, 다른 두 시간성의 탈자태에 대한 관점에서도 달
라지지 않는다. 세계에서 기재성은 항상 규정된 관계맺음의 가
능성과 연관되어 나타난다. 그 가능성은 앞서 있는 존재의 장
래로부터 세계에서 포착된다. 기재성은 이러한 관계맺음을 위
한 가능공간이다. 말은 결국 언어적 현재화(Vergegenwärtigung)의
가능성이다. 말에서 개방되는 상호 공동존재(Miteinandersein)가
항상 이러한 현재화에서 그 의미를 가지는 한, 말이 규정된 수
행과 밀접하게 연관되어 있다는 것은 명백하다.

이와 같은 규정성과 무규정성의 작용에서 말에 특별한
가치가 부여된다. 말하는 사람에게는 겉보기에도 무한한 현재
화의 가능성이 성립한다. 그 때문에 말에는 또한 여전히 모든
것을 규정성의 양태에서만 볼 수 있도록 하는 조건이 놓여 있
다. 말은 퇴락의 매개이다. 그러나 퇴락으로부터 해방된다고
해서 규정성이 제거되는 것은 아니다. 현존재에서 규정된 것은
오히려 결단을 통해서만 무규정성으로 되돌려질 수 있다. 이때
무규정성 역시 그것에 의해 상대화된 규정성을 통해서만 함께
드러나기 때문에 결단은 바로 일상적이며, 철학 이전의 현존재

를 바라보는 고유한 시각을 확인시켜 준다. 무규정성의 경험을 위한 방향의 기준점은 여기에서도 규정성이다.

　　이것이 일상적 현존재를 바라보는 고유한 시각이라고 한다면, 시간성에서 현존재를—철학적으로—해석하는 것은 더 이상 그러한 시각에 종속되지 않을 것이라고 사람들은 추측할 것이다. 아마도 사람들은 처음부터 그것을 따르는 데 주저할 것이며, 나아가 철학과 전승의 관계에 대한 구상으로부터 하이데거의 본래성과 비본래성에 대한 구상이 발생되었다는 것을 생각한다면 더욱 더 그러할 것이다. 일상적 현존재를 바라보는 고유한 시각이 철학의 물음과 사유의 개방성을 지배할 수 없다는 사실은 당장 철학을 위해서도 옳은 것처럼 보인다. 동시에 그러한 시각은 규정된 전승된 개념들과 사유방식들과 연관되어 있지도 않다. 결국 개념들과 사유방식들은, 본래 그것들에 속해 있는 연관에 놓여 있는 한, 시원으로 소급하여 되묻는 사유의 개방성을 통해 비로소 자신의 의미를 유지한다.

　　그러나 하이데거의 구상이 그 요점에 있어서 변화되었다는 것을 잊어서는 안 된다. 중요한 것은 더 이상 역사의 시원이 아니라 일상적 현존재라는 시원으로 소급하여 되묻는 것이다. 하이데거에 따르면 철학은 일상적 현존재에서 생겨난다 (GA 2, 51/38). 그러나 철학은 한번 생겨나자마자 그 근원으로부터 근본적으로 분리된다. 왜냐하면 철학은 본질적으로 일상적 현존재의 행위적 관점 아래 놓여 있지 않고 그 관점을 운동성에서 파악하기 때문이다. 더 나아가 철학은 현존재에서 수행되는 하나의 행동이기도 하다. 심지어 철학에서는 그것을 수행하는 사람에게도 그의 존재방식에 대한 물음에 규정된 대답을 부여하는 것이 중요하다. 그러나 이것으로 철학은 끝나지 않는다. 본질적으로 철학적 개념파악은 어떤 일상적 행위가 아니다. 시간성에서 현존재를 해석할 때, 철학은 일상적 현존재와 그것을 바라보는 고유한 시각을 넘어선다. 그리고 "존재론의 역사"를 현상학적으로 해체하려고 하는 한, 철학은 그것들을 넘어서야 한다. 『존재와 시간』은 『니코마코스 윤리학』에서 말하는 의미의 실천철학 이상의 것이 되려고 한다. 하이데거는 『존재와 시간』의 2부를 완성하기 위해 시간성에 대한 철학적 구상을 변경해야 했다. 그렇게 해야만 전통 존재론들 역시 파악될 수 있기 때문이다. 그러나 존재론은 더 이상 일상적 현존재의 행위적 관점에 속하지 않는다. 여기에서 사람들은 철학에서 궁극적으로 중시되는 것은 현존재가 아니라, "존재 일반"이라고 말하는 『존재와 시간』의 결론을 기억하게 될 것이다.

시간에 대한 독특한 철학적 구상과 연관된 물음에 깊이 들어감으로써 사람들은 전체를 전망하기가 어려운 영역에 도달하게 된다. 사람들은 존재와 시간에 대한 기획의 첫 번째 두 절에서 수행된 구조를 떠나서 하이데거에 의해 계획된 건물에서 수행되지 않은 부분들로 향하게 된 것이다. 이것은 개발되지 않은 텅 빈 벌판이 아니라, 폐허가 된 건물에 들어서는 것과 같은 상황을 나타낸다. 그 건물의 잔재는 계획된 전체의 형상을 재구성하고 거기에서 또한 왜 그 건물이 완성될 수 없었는지를 이해하는 데 도움을 준다.

숙고할 만한 가치가 있는 잔재는 『존재와 시간』의 전체 건물을 위해 계획된 철학의 날개에 해당하는 부분이다. 완성된 계획을 이해하기 위하여 사람들은 수행된 부분의 벽들과 기둥들을 아직 설치하지 않은 기둥들과 벽들과 주도면밀하게 비교하고, 그것들의 유사성은 물론 건물의 양 날개 사이의 차이성을 감지할 수 있어야 한다. 철학에서 시간이 어떻게 이해되는지를 해명하기 위해서 한 번 더 어떻게 시간이 일상적 현존재에서 이해되는지에 대한 물음을 검토할 필요가 있다. 이 물음에 대한 하이데거의 대답은 이미 거기에 제시되고 있으며, 비록 난해하지만 추적을 통해 이끌어낼 수 있다.

가장 먼저 시간성의 세 "탈자태들"을 한번 더 숙고해 보아야 한다. "탈자태들"은 시간의 형식들로서 직접 서로 연결되어 변환한다. 거기에서 장래 자체는 기재를 지시하고 기재는 현재를 지시한다.

시간성 자체의 세 탈자태들이 무엇인지 말하려면 아마도 열어 밝혀져 있음의 세 형식으로 되돌아가야 할 것이다. 일상적 현존재를 바라보는 시각으로부터 장래를 가장 확실하게 이해할 수 있는 것은 장래를 "무규정적으로 앞서 있는 존재의 시간"으로서 특징지을 때이다. 이때 사람들은 장래를 대략적으로 "아직 다가오고 있는 다음 해의 시간"이라고 부르는 때보다 훨씬 더 장래를 잘 이해하고 있다고 볼 수 있다. 그후 사람들은 시간계산에 방향을 돌리면서 무규정적인 것, 즉 장래에 양적으로 규정된 성격을 부여한다. 하이데거가 『존재와 시간』에서 제시한 것처럼 시간계산은 이미 현존재의 시간성에 대한 규정적 해명이며, 현존재의 시간성을 전제한다. 장래를 무규정적으로 앞서 있는 존재의 시간으로서 이해할 때 사람들은 그러한 규정적 해명에 더 이상 사로잡히지 않는다. 장래는 무규정적으로 앞서 있는 존재의 시간이다라고 말하는 대답은 이미 일상적 현존재의 높은 투명성을 증명하는 것이다.

　　그럼에도 불구하고 이 대답은 여전히 전체적으로 일상적 현존재를 바라보는 시각에 의해 각인되어 있다. 하이데거는 탈자태들의 "지평적 도식들"(horizontale Schemata)에 대해 말하면서 이것을 강조하려고 한다. 일상적 현존재에서 이해될 수 있는 시간성은 현존재의 측면에 한정되어 있다. 그 때문에 도식들은 "지평적"이라고 불린다. "도식들"은 시간성에 대한 이해의 한계를 의미한다. 왜냐하면 그 한계에 의해 시간성에 대한 규정된 "시각"이 주어지기 때문이다. 하이데거는 "도식" 개념을 칸트의 『순수이성비판』으로부터 가져왔다. 칸트에서 "도식적인 것"은 순수 오성의 개념을 구체적으로 제시하는 방식이다.[12]

　　시간성의 지평적 도식들에 대한 사유를 통해 철학의 시간에 대한 사유를 해명할 수 있는 전제가 획득된다. 철학이 그의 시간이해에서 일상적 현존재와 구별되어야 한다면, 철학은 시간성의 이해에 따르는 지평적 도식들에 종속되어서는 안 된다. 이것은 다시금 이중적인 의미를 가질 수 있다. 즉, 철학의 시간이해는 결코 도식적이어서는 안 되든지, 아니면 철학적 시간이해의 도식들이 일상적 현존재의 도식들과는 다른 것이어야 한다.

하이데거가 이 양자 중에 어떤 것을 선택했는지는 "시간성에서 현존재를 해석하고 존재에 대한 물음의 초월적 지평으로서 시간을 해명함"이라는 『존재와 시간』1부의 제목에서조차 불완전하게 드러나고 있다. 여기에서 알 수 있는 것은 "시간"이 철학적 "존재물음"의 "초월적 지평"으로 파악되어야 한다는 사실이다. 그러나 지평의 도식적 성격에 대해서는 언급되고 있지 않다.

『존재와 시간』의 출판 직후 1927년 여름학기에 개설한 『현상학의 근본문제들』-강의가 바로 철학적 시간의 지평에 속한 도식적 성격에 대한 물음의 대답이다. 하이데거 자신은 이 강의를—아마도 나중에—"『존재의 시간』1부 3절에 대한 새로운 정리"(GA 24, 1)로 생각하였다. 그리고 그는 『존재와 시간』의 단행본에서도 "존재에 대한 물음의 초월적 지평으로서 시간

12] I. Kant, *Kritik der reinen Vernunft*, Zweites Buch, erstes Hauptstück (B 176–187/A 137–148) 참조.

을 해명함"을 받아들였던 곳을 지적하기 위하여 그 강의를 제시하였다. 『현상학의 근본문제들』-강의는 『존재와 시간』 1부 3절에서 전개되어야 했던 사유과정을 가져오고 있지만 결론에 이르지는 못했다. 그러나 그 강의는 적어도 하이데거가 일상적 현존재의 분석에서 철학의 논의로 넘어가는 이행과정을 시간적 도식론의 수정을 통해 획득하려고 했다는 것을 명백하게 보여준다. 그것은 다름 아닌 존재시성에 대한 구상으로의 이행을 의미한다.

시간성이 철학의 시간이어야 하는 한, 존재시성은, 우리의 기억에 따르면, 시간성에 대해 하이데거가 붙인 명칭이다. 철학은 다시금 "시간성에서" 일상적 현존재의 존재이해를 "해석"한다. 그런 점에서 이때 시간성은 다음과 같이 경험되어야 한다. 시간성은 한편으로 여전히 일상적 현존재의 시간성으로서 인식될 수 있는 것이면서 다른 한편으로 그것과는 구별되는 것이어야 한다. 하이데거는 지평적 도식들을 발전시킴으로써 양쪽 모두를 만족시키려고 한다. 그 중에서 일상적 현존재의 도식들은 훨씬 더 특이하게 형성된 것이다.

이것은 위의 강의에서 현재의 지평적 도식에 대한 관점에서 수행되었고, 나아가 존재론-강의에서 제시된 현존재의 규정을 상기시키는 사유와 연결되어 있다. 현재 마주치는 모든 것은 하이데거가 제시하려고 하듯이 "현존"(Praesenz)의 지평적 도식에 종속되어 있다. 이때 "현존"은 "현존성"(Anwesenheit)은 물론 "부재성"(Abwesenheit)을 포괄한다. 좀 더 구체적으로 그 내용을 들여다 본다면 "부재성"은 단순히 어떤 것이 사라졌다는 것을 의미하는 것이 아니라, 발견될 수 있는 어떤 것의 특별한 양태이다. 예를 들어, 어떤 작업을 위해 필요한 도구가 없다고 할 때, 그 도구는 바로 그것의 없음에 "현존"하고 있다. 비록 역설적으로 들리지만, 그 도구는 현재하지도 않으며 현존해 있지도 않지만 바로 거기에 현재—"현존"—한다. 그렇게 본다면 이러한 현존에 대한 이해는 일상적 현존재의 현재에도 그대로 통하고 있다. 나아가 상호 공동존재에서 숙고하며 해명하는 규정된 행위는 일상적 현존재에서도 현재의 이해를 위한 도식을 형성한다. 좀 더 자세히 고찰해 본다면 그 도식은 바로 현존의 독특한 형성일 뿐이다.

　　또 다른 현존을 형성한 것은 전승된 존재론이라고 할 수 있다. 이것을 제시하기 위해 하이데거는 『현상학의 근본문제들』–강의에서 아리스토텔레스의 존재론에서 나오는 중심적인 낱말 "우시아"(ousía)가 "현존성"으로 번역될 수 있다는 사실에 주목하게 한다. "우시아는 아리스토텔레스의 시대에서도 철학적 용어의 현존성과 마찬가지로 일상적–철학 이전의 의미에서 현존을 의미한다." 계속해서 하이데거는 다음과 같이 말한다.

그러나 그리스 사람들은 칸트와 마찬가지로 그들이 존재를 […] 시간으로부터 해석하고 있으며, 또한 그러한 근원적인 연관으로부 터 존재의 해석을 수행하고 있다는 것을 전혀 모르고 있었다. 오히 려 그들은 실존하는 현존재의 직접적인 경향을 따랐다. 그 현존재 는 자신의 일상적인 존재양식에 따라 […] 존재자의 존재를 불명확 하게 존재시적으로 이해하고 있었다. 그리스 사람들이 존재를 현재 에서, 즉 현존에서 이해했다는 지적은 시간에서 존재이해의 가능성 을 이끌어내는 우리의 해석을 위해 과소평가될 수 없는 확증이지 만 그것이 근거제시가 될 수는 없다(GA 24, 449).

"우시아"를 "현존성"으로 번역하는 것은 『존재와 시간』 의 해체 계획에 기초가 되었던 직관을 보여준다. 이 번역이 적 절한가 하는 물음에 대해서 우리는 일단 유보할 것이다. 왜냐 하면 아리스토텔레스의 개념에서 "현존"에 대한 지적은 잘 읽 어낼 수 있지만, 삼중적으로 분류된 시간성의 의미를 담고 있 는 "시간"에 대한 지적은 읽어낼 수 없다는 것이 결정적으로 중요하기 때문이다. 하이데거는 이미 그의 기획초안에서 아리 스토텔레스의 존재 개념이 그의 프로네시스 분석과는 "대립된 경향"으로 발전되었다고 주장하였다. 심지어 그것들이 서로 일 치한다고 할지라도 현존재를 존재자에 대한 아리스토텔레스 의 구상에 근거한 것으로 여길 수는 없다. 오히려 그것에 대해 하이데거는 그 완전한 구조에서 볼 때, 시간성이 존재자에 대한 아리스토텔레스의 구상의 "지평"을 형성하고 있다는 것을 보여주어야 했다.

그러나 현재에 대한 것과 유사하게 기재와 장래의 도식들에 대해 제시한 것을 『현상학의 근본문제들』-강의에서는 찾아볼 수가 없다. 여기에서도 『존재와 시간』의 계획이 관철되고 있다는 것을 생각한다면 그것은 우연이 아님을 금방 알 수 있다. 겉으로 보기에도 현존에 대한 사유는 삼중으로 분류된 시간성의 단초를 심각하게 위협하기에 쉬운 것으로 보인다.

왜 그런 일이 발생할 수 있으며 결과적으로 왜 그렇게 되었는지를 사람들은 먼저 하이데거가 걸어온 사유의 길을 파악하려고 시도할 때 가장 분명하게 알 수 있다. 하이데거는 철저한 계산에 따라 현재에 방향을 두고 존재시성의 물음을 전개하였다. 그와 달리 『존재와 시간』의 현존재 분석은 무규정적으로 앞서 있는 존재의 우선성을 강조하려고 했기 때문에 장래에 방향을 두고 전개되었다. 존재시성에 대한 물음에서는 철학의 시간이 중시된다. 철학은 『현상학의 근본문제들』-강의에서 "존재의 대상화"(Vergegenständlichung)로서 특징지어진다. 이 대상화와 함께 "거기에서 존재론이 학문으로서 구성되는 근본행위(Grundakt)가 수행된다"(GA 24, 398). 여기에서 하이데거는 이미 『존재와 시간』의 마지막 쪽에서 언급한 적이 있는 사유를 채택하고 있다. 거기에는 "고대 존재론이 '사물 개념'을 가지고 작업했다"는 언급이 있으며, 하이데거는 이 사물화(Verdinglichung)가 무엇을 의미하며 어디에서 그런 사물화가 생겨나는 지를 묻고 있다(GA 2, 576/437).『현상학의 근본문제들』-강의 는 이에 대해 다음과 같은 대답을 제공한다. 사물화 또는 대상 화는 언어적 현재화를 의미하고, 그리고 그것 자체는 현재에서 생겨난다. 현재와 그에 상응하는 현존의 존재시적 도식들은 존 재시성에 대한 논의의 중심에 놓여 있다. 그 이유는 하이데거 가 철학을 무엇보다도 그것의 언어성에서 파악하고 있으며, 언 어화된(zur Sprache bringen) 모든 것은 현존할 수 있기 때문이다. 이것은 앞에서 말이 현존의 시간으로부터 이해되고 있다고 한 것과 관련되어 있다. 이에 따르면 모든 것은 "현존하는 것"이 지 기재 또는 장래에 있는 것이 아니다.

그렇다고 한다면『존재와 시간』의 모든 개념적 규정들 도 현존에 종속되어 있다고 할 수 있다. 현존의 개념은 기재와 장래도 포괄한다. 그리고 무규정적으로 앞서 있는 존재는 개념 적으로 세계의 개방성과 마찬가지로 "현존"한다. 따라서 현존 성과 부재성을 포괄하는 현존의 사유는 시간성 자체의 구상을 위협한다. 이 사유는 장래와 기재를 현존의 변양태로서 파악하 게 한다. 이를 통해 일상적 현존재에서 이끌어낸 시간성 자체 는 극복될 수밖에 없다. 시간성의 삼중적 분류가 일상적 현존 재의 고유한 특징으로 증명될 수는 있었지만, 그로 인해 현존 재의 기초분석에 방향을 두고『존재와 시간』2부에서 시도된 해체 계획의 수행은 불가능하게 되었다. 시간의 삼중적 분류는

더 이상 철학의 시간이 아니며, 철학의 시간은 더 이상 그러한
분류로부터 이해될 수 없다. 이로써 현존재의 기초분석은 하이
데거가 계획한 틀에서 그 의미를 상실하게 된다.

　『존재와 시간』의 계획에서 하이데거가 봉착한 난관은
그 계획과 연관된 근원의 논리학에 따라 현존재의 일상성—현
존재의 일상성은 아리스토텔레스의 프로네시스와 유비적 관
계에서 사유된 것이다—에서 철학을 이해한다는 것이 불가능
함을 깨달은 것이다. 그렇게 하기 위해서는 삼중으로 분류된
시간성이 철학의 시간으로서도 해석될 수 있어야 했다. 그러나
그러한 해석을 시도한 『현상학의 근본문제들』–강의의 단초도
소용이 없었다. 현존의 지평적 도식을 도입함으로써 삼중적으
로 분류된 시간성의 구조는 무리하게 변형될 수밖에 없었으며,
나아가 이러한 시간성의 구조가 없이 철학은 더 이상 일상적
현존재의 구조에서 해명될 수도 없었다. 결국 "기초존재론"의
계획은 좌초되었다.

　그렇다고 해서 『존재와 시간』에서 전개된 개념들과 분
석들이 그후 하이데거에서 더 이상 어떤 역할도 하지 않았다는
것은 아니다. 그는 『존재와 시간』에서 전개된 개념들을 근본적
으로 수정하는 일에 착수한다. 다시 말해 그는 현존재 분석의
결과를 새롭게 해석한다. 이때부터 철학은 직접 현존재의 구조
에서 이해된다. 현존재는 일상적인 것으로서 더 이상 철학과 구
별되는 것이 아니라 그 자체에서 본질적으로 철학적이다. 이를

통해 하이데거는 그의 독자적인 시작에서부터 그의 철학적 작업을 이끌어 온 사유―역사철학의 사유―를 여전히 고수할 수 있게 된다. 존재와 시간의 기획 이후에 시간은 철학사의 복구를 위한 징표로 등장한다.

4

철학사의 복구

존재의 저편에서 세계를 형성함

시간성의 문제가 『존재와 시간』의 5장 "시간성과 역사성"에 도입되었다는 것을 생각할 때, 『존재와 시간』의 기획을 중단한 이후에 비로소 하이데거가 역사철학에 대한 그의 사유를 다시 받아들일 수 있게 되었다고 주장하는 것은 이상하다. 그럼에도 불구하고 바로 이 5장이 그 주장을 확인해 주고 있다. 여기에서 하이데거가 논의하고 있듯이 역사성은 철학 이전의 현존재에 속하는 것이다. 이러한 이유에서 역사성은 철학을 위해 본질적인 것이 아니다. 심지어 『존재와 시간』의 구상을 계속해서 따른다면, 철학은 전승된 개념들과 사유방식들의 속박으로부터 해방되는 것이기도 하다. 그러나 이 해방은 자유로운 방향전환을 통해 역사의 시원으로 인도하는 것이 아니라, 현존재의 본래적 구조를 추구한다. 그렇다고 한다면 철학은 그 본질에 있어서도 더더욱 역사적인 것이 아니다. 철학은 그의 시간성에도 불구하고 더 이상 시간적이지도 역사적이지도 않은 구조—현존재의 구조는 현존재가 있는 한, 성립하기 때문이다—를 제시하기 위하여 오히려 계속해서 전승으로부터 벗어나야 한다. 철학함 자체는 더 이상 어떤 규정된 시간, 어떤 규정된 역사적 상황을 가지지 않고, 현존재의 시간적 구조를 드러내는 하나의 포괄적인 "현존"에서 유지된다. 그러나 분명히 하이데거가 의도한 것은 이것이 아니었다. 그 때문에 그는 『존재와 시간』의 기획이 보여줄 수밖에 없었던 "미완성"에서 작업을 재개해야 했다.

이에 대한 하이데거의 해결방안은 1931/32년 겨울학기 강의를 통해 모색된다. 그 강의의 1부는 플라톤의 『국가론』에서 나오는 소위 동굴 비유에 대한 해석에 집중되고 있다. 여기에서 중요하게 다루어진 것과 유사한 사유가 1930년에 나온 하이데거의 강연 『진리의 본질에 관하여』에서도 발견된다. 그러나 이 강연은 1943년에 처음으로 출판되었으며, 전집으로 출판하기 위해 주목할 만한 부분들을 하이데거가 다시 고친 것이다. 따라서 당시 하이데거가 발전시킨 새로운 구상을 이해하려면 사람들은 플라톤-강의를 우선적으로 추천해야 할 것이다.

플라톤-강의 1부에서 하이데거는 『국가론』에 나오는 동굴의 이야기를 단계별로 추적한다. 하이데거의 해석을 이해하기 위해 그 이야기를 짧게 요약해 보자. 그 이야기는 동굴 안에 붙잡혀 묶여 있는 사람들에 대해 설명하고 있다. 그들은 묶여 있는 상태에서 동굴의 벽만을 보고 있으며, 그들 뒤를 통과하여 지나가는 대상들이 불빛에 의하여 벽에 투사되어진 그림자의 형상만을 바라볼 수 있다. 계속해서 그 이야기는 붙잡힌 사람들 중의 한 명이 묶여 있던 상태에서 자유롭게 되었을 때 어떤 일이 일어나게 되었는지를 설명해 주고 있다. 그 사람은 먼저 이전에 그림자로만 보았던 대상들을 보게 된다. 그리고 동굴 외부로 나오면서 그 사람은 동굴 안에 있던 대상들처럼 인간들에 의해 만들어지지 않은 사물들도 보게 된다. 그 중에서 무엇보다도 그는 태양을 보게 된다. 여기에서 태양은 대낮에 있는 모든 것을 비로소 보게 하고, 동굴에서 인위적으로 지펴진 불과는 구별되는 근원적인 빛으로 이해되는 것이다.

하이데거는 이 이야기에서 나오는 빛의 메타포를 먼저 어떻게 이해해야 할 것인가에 대한 물음으로부터 논의를 시작한다. 그의 해명은 우선적으로 『존재와 시간』의 현존재 분석에서 "열어 밝혀져 있음"으로 알려졌던 것을 다르게 기술하는 방식으로 전개된다. "빛"(Licht)은 거기에서 어떤 것이 처음으로 마주치게 되는 개방성을 의미한다. 이로써 빛의 메타포는 현존재의 자유를 위한 메타포로서도 해석될 수 있는 근거를 가진다.

　　자유를 개방성으로 이해한다고 할 때, 어떤 것이 빛 속
에서 나타난다는 사실은 하이데거에게 별로 중요한 것이 아니
다. 오히려 그에게 결정적으로 중요한 것은 빛의 침투성(Durch-
lässigkeit)이다. "우리는 '벌목' (Waldlichtung)에 대해 말한다. 그것
은 나무로부터 **자유롭고**(frei), 통로와 투시를 **자유롭게-내어주는**
(frei-geben) 자리를 지시한다. 따라서 **비춘다**(Lichten)는 것은 **자
유롭게 내어줌, 자유롭게 함**(freimachen)을 일컫는다. 빛은 비추고,
침투를 자유롭게 내어주며, 자유롭게 한다"(GA 34, 59).[1] "자유
롭게 내어줌"이라는 말은 하이데거에게 있어서 새로운 것이 아
니다. 『존재와 시간』에서 이 말은 어떤 것이 "사용되어짐"으로
써 그 사용연관에서 적절하게 이해되고 지시되고 있는 것과 관
계를 맺고 있을 때 적용되는 말이다. 바로 그런 의미에서 위의
인용은 주목할 만한 가치가 있다. 『존재와 시간』에서 현존재는

---

1) **역주_** 여기에서 "Freigeben", "Freimachen"은 문자 그대로 "자유롭게 내어
줌", "자유롭게 함"으로 번역되고 있지만 거기에는 동시에 비워줌과 비움
의 의미가 있다는 사실을 염두에 두어야 한다. 독일어, "frei"에는 자유로
움과 비어 있음이라는 두 의미가 담겨있다. 하이데거는 "자유"의 의미를
정치적-윤리적 자유와는 달리 존재론적으로 근원적인 "비움"의 의미에
서 이해하고 있다. 쉬운 예로, "Ist der Platz frei?"는 자리가 비어 있는가를
묻는 것이다. 여기 함께 언급되고 있는 "Waldlichtung", "Lichten"도 비움
과의 연관을 강조하는 것이다. 이때 "Lichten"은 비춤과 비움(벌목)의 의
미를 동시에 가지고 있다. 울창한 나무로 인해 대낮에도 어두운 숲에서 벌
목을 하면 주위가 비워짐으로 인해 빛이 들어온다. 독일어에서 "frei"는 이
러한 이중적 의미를 드러낼 수 있지만, 이러한 이중적 의미에 적합한 번역
어를 찾기가 쉽지 않다. 여기에서는 구속성과 연관되어 강조되고 있는 자
유의 의미를 드러내는 번역이 더 적합한 것으로 보인다.

"그 자체에서 세계–내–존재로서 비추어져 있는" 것으로 여겨지고, 그에 상응하여 그 자체가 자유롭게 내어주는 자로서 이해될 수 있었던 반면, 이제 그것은 빛이 자유롭게 내어주어 통로와 투시의 개방성을 부여한다는 것을 뜻한다(GA2, 177/133).

　　이러한 강조점의 변화는 위에서 인용한 부분이 동굴의 비유에 대한 해석이며, 하이데거가 플라톤의 문헌이 제시하는 것만을 따르고 있다는 것을 제시하는 것으로는 설명되지 않을 것이다. 빛을 자유의 메타포로서 해석하는 것은 플라톤의 문헌에서 제시되고 있지 않다. 그러나 플라톤에 의해 전달된 그 이야기도 분명히 자유를 다루고 있다. 결과적으로 그 이야기에서도 붙잡혀 있던 상태로부터의 해방이 문제되고 있기 때문이다. 해방이 하이데거에게 중심적인 동기가 되고 있다는 사실로부터 사람들은 왜 하이데거가 동굴의 이야기에 관심을 갖게 되었는지를 쉽게 이해할 수 있을 것이다. 그러나 하이데거가 그 이야기만을 단순하게 따라가고 있었던 것은 아니다. 그것을 우리는 하이데거가 비유에 대한 해석의 끝부분에서 플라톤의 문헌을 통해 무엇보다도 빛과 자유의 공속성을 드러내려고 했다는 것에서 확인할 수 있다. 그가 수행한 해석의 성과는 바로 이 공속성을 부각시키고 보다 더 자세하게 규정했다는 데 있다(GA 34, 125). 『국가론』 자체가 의도한 대로 그 이야기를 해석하려고 했다면 빛과 자유의 공속성에 대해 언급은 불가능했을 것이다. 그러나 하이데거는 이 공속성을 그의 해체 계획을 새롭게 하기 위한 동기로서 받아들이고 있다. 이때부터 플라톤이 그러한 동기를 부여하는 일에 결정적인 역할을 하게 된 셈이다. 묶여 있음으로부터의 해방은 순전한 "불구속의 상태"이며, "~ 위한–자유"라는 의미에서 "적극적인" 자유에 근거하고 있어야 한다. 반면 "자유롭게 내어주는 자(빛)와의 [구속적인] 관계맺음 자체가 자유롭게 되는 것(Freiwerden)이다." 하이데거가 여기에서 자신의 고유한 사유를 전개하고 있다는 것을 사람들은 그가 덧붙이고 있는 말을 통해 아주 분명하게 알 수 있다. "본래적으로 자유롭게 되는 것은 기투하면서 **자기를–구속하는 것**(Sich-binden)이다. 이것은 단순히 묶임을 허용한다는 것이 아니라 자기–자신을–위해–자기–자신에게–하나의–구속을–부여하는 것이며, 심지어 이전부터 이미 구속되어 있던 상태를 의미한다. 그로부터 이후에 오는 모든 관계맺음은 하나하나 비로소 자유롭게 될 수 있으며, 자유롭게 존재할 수 있다"(GA 34, 59). 이 구절에서 사람들은 『존재와 시간』의 구상과 대립되는 결정적인 변화가 수행되고 있다는 것을 알 수 있다.

여기에서 변화된 내용을 『존재와 시간』의 용어로 다시 정식화하라고 한다면 하이데거는 아마도 결단에 대한 새로운 규정을 제공할 것이다. 즉, 이때부터 "결단"은 현존재를 퇴락의 폐쇄성으로부터 이끌어내어 투명하고 "본래적" 방식으로 존재하게 하는 것만을 의미하는 것이 아니라 자유롭게 내어줌, 즉 빛과의 관련에서 자기 자신에게 "구속을 부여하는 것"을 의미하게 될 것이다. 나아가 이전에 했던 구상도 "구속성"(Ver-bindlichkeit)과 연결되어 다시 해명될 수 있다. 이전에는 "일상인"의 행위가 결단에 이르지 못하도록 했다면, 이제 행위할 수 있는 규정된 가능성이 고유한 현존재의 개방성에서 인수되고, 그와 동시에 그 가능성은 각자 자신을 위한 고유한 가능성에 구속적인 것이 된다. 이때부터 더 이상 구체적인 행위 또는 관계맺음의 방식은 문제되지 않는다. 오히려 자기 자신에게 부여하는 구속은 그것에서, 그것에 의해 "이후에 오는 모든 관계맺음이 […] 비로소 자유롭게 있을 수 있고 자유롭게 될 수 있는" 형태로 존재한다. 구속은 우선적으로 행위 또는 관계맺음 자체가 아니라 독특한 방식으로 행위의 **연관**과 관계한다. 다시 말해 그 연관이 다만 구속하는 것으로서 **기투됨**으로써 사람들은 "**본래적으로** 자유롭게 하는" 빛의 "자유롭게 함"에 상응할 수 있다 (GA 34, 59). 빛은 연관의 기투에서 사람들이 떠맡는 본래적인 또는 적극적인 자유를 가능하게 한다. 그렇게 기투된 것은 더 이상 고유하게 앞서 있는 존재가 아니라 세계이다. 그리고 빛은 시간을 위한 메타포이다.

하이데거가 사실상 이러한 사유를 전개하려는 의도를 가졌다는 것을 사람들은 그가 자유의 구상과 연관하여 이해, 더 정확하게 말한다면 존재이해의 개념을 끌어들일 때 한층 더 분명하게 알 수 있다. "**존재**를 이해한다는 것은 존재자의 본질적 법칙성과 본질구조를 앞서 기투함을 의미한다. 존재자를 위해 자유롭게 됨, 즉 빛을-통찰함(Ins-Licht-sehen)은 **존재기투를** 수행함을 의미한다. 거기에서 존재자의 겉모습이 앞서-던져 지고, 앞서 잡히며, 이 겉모습을 봄으로써 존재자 자체와의 관계맺음이 가능해진다"(GA 34, 61).

하이데거는 여기에서 중요하게 다루어야 할 문제를 직접 예를 들어 설명해 주고 있다. 그는 존재기투를 위한 예로서 근대 자연과학, "역사학"으로서의 역사, 그리고 『존재와 시간』 에서 거의 중요한 역할을 하지 않았던 영역으로서 예술을 들고 있다(GA 34, 62). 근대 자연과학은 이미 앞에서 인용한 존재이 해의 규정 아래 놓여 있다. 자연과학에서 "하나의 기투가 수행 되었으며, 그것을 통해 전반적으로 자연과 자연의 진행에 대해 장래에 이해되어야 할 것─공간 시간적으로 규정되는 질량점 의 운동연관─이 앞서 **한정되었다**(GA 34, 61). 이 "기투"는 비로 소 구체적인 탐구를 가능하게 한다. 이 연관에서 비로소 "그것 을 통해 파악된 자연이 구체적인 진행의 법칙성에서 탐문되고 실험에서 검증된다"(GA 34, 61).

역사에 대한 관점도 이것과 유사하다. 하이데거의 말처 럼 "야콥 부르크하르트(Jacob Burckhardt)와 같은 인물은 단순한 학자가 아니다. 그가 위대한 역사가가 된 것은 열심히 원전을 읽어 정리하고 어딘가에서 유고를 발굴했기 때문이 아니라 인 간의 운명, 인간의 숭고함, 인간의 고통, 인간 행위의 제약과 한 계를 앞서 파악할 수 있는 본질적 통찰, 간단히 말해 우리가 역사라고 말하는 것의 사건, 즉 존재자의 존재사건에 대한 앞선 이해가 그 자체에서 작동하도록 했기 때문이다"(GA 34, 62 이하).

마지막으로 예술은 "체험의 표현"도 현실의 모방도 아니며, 그렇다고 해서 "그것에서 다른 사람들이 높고 낮은 형태의 만족과 향유를 얻는 것"도 아니다(GA 34, 63). 오히려 예술의 본질은 예술가가 "가능적인 것에 대한 본질적인 통찰을 가지고 존재자의 은폐된 가능성들을 작품화하여, 그것을 통해 사람들로 하여금 그들이 맹목적으로 운영하고 있는 현실적—존재자를 비로소 보게 하는" 거기에서 성립한다. 하이데거는 예술에 대한 그의 해석을 다음과 같이 정리하고 있다. "현실적인 것에 대한 발견의 본질은 자연과학이 아니라 근원적인 철학, 그리고 위대한 시짓기와 그것의 기투들(호머, 버질, 단테, 셰익스피어, 괴테)에 의해 발생하였고, 발생한다."(GA 34, 64) 이 구절의 본질적인 핵심에는 다시금 철학에 자리를 부여하려는 의도가 담겨 있다. 자연과학, 역사, 예술은 마지막 정점으로 다룰 것을 염두에 두고 제시된다. 다시 말해 예술에 대한 논의 이후에 비로소 철학이 언급됨으로써 철학은 그에 맞는 높은 지위를 획득하게 되는 것이다.

자연과학, 역사, 예술이 여기에서 똑같이 다루어지지 않는다는 사실은 아마도 존재기투에 대한 하이데거의 해석을 처음 읽는 순간 금방 드러날 것이다. 자연과학은 "전반적으로 자연과 자연의 진행에서 장래에 이해되어야 할 것"을 "한정"짓는다. 반면 그 서열에 따라 역사는 역사의 "사건"에 대한 "본질적 통찰"에 의해 특징지어진다. 마지막으로 예술가에게는 가능적인 것에 대한 본질적 통찰이 속한다. 그 통찰은 예술가가 "존재자의 은폐된 가능성들을 작품화하여, 그것을 통해 인간들로 하여금 현실적–존재자를 비로소 보게" 함으로써 해명된다. 자연과학이 해야 할 가장 중요한 일은 사람들이 방향을 잡을 수 있도록 앞에 놓여 있으며, 그 방향에 따라 행위할 수 있도록 하는 "겉모습" 또는 "상"을 부여하는 것이다. 동굴의 비유에 대해 앞에서 다르게 강조한 것만큼이나 동굴의 비유가 본래 전달하려는 내용 또한 간과해서는 안 된다. 상으로 향하고 있다는 것은 동굴 안 죄수의 상황처럼 여전히 사로잡혀 있다는 것을 의미한다. 그럼에도 불구하고 자연과학은 이미 하나의 "존재기투"이다. 자연과학도 이미 자유의 "광선"(Lichtblick)에 기인하는 것이며, 그것에 응답하고 있는 것이다(GA 34, 61). 따라서 사로잡힌 죄수의 행동도 자유에서만 가능하다.

　　"그 서열에 따라 역사"는 자연과학에 비해 더 높은 단계를 나타낸다. 역사는 사람들이 현존재에서 왕래하고 있는 존재자와 관계된 것이 아니라 역사 속에 있는 현존재의 사건과 관계하고 있다. 역사는 이미 "이 존재자의 존재"—여기에서는 인간의 존재—를 "그 자체에서 작동하도록" 해온 것이며, 따라서 바로 이 존재의 해명을 통해 파악될 수 있다. 자연과학과 비교해 볼 때 그 서열에 따라 역사는 사로잡혀 있지 않다. 왜냐하면 자연과학이 그것에 대해 상을 "기투"하는 존재자가 역사에서는 문제가 되지 않기 때문이다. 역사는 현존재에 더 가깝게 있기 때문에 더 큰 자유를 가진다.

예술과 비교한다면 그 서열에 따라 당연히 역사는 아직 사로잡혀 있는 것으로 여겨진다. "가능적인 것에 대한 본질적 통찰"을 통해 예술가는 현존재를 그 자체에서 작동하도록 할 뿐만 아니라, 가능성들을—은폐로부터 자유롭게 이끌어내어—발견하여 그것에 관심을 가진다. 이를 통해 예술가는 인간들로 하여금 "현실적으로-존재하는 것"을 보게 한다. 이것은 예술가가 이렇게 현실적으로-존재하는 것을 가능적인 것과 구별되도록 표현하고 인간들로 하여금 가능적인 것과 현실적인 것, 규정적인 것과 무규정적인 것의 차이 속에 있는 바 그대로 머물러 있게 함으로써 가능한 일이다. 다시금 이것은 예술가 자신이 이 차이에 들어서 있을 때, 즉 "거기" 있을 때에만 생각될 수 있다. 그러나 이때부터 본래적 현존재는 『존재와 시간』에서 프로네시스에 방향을 두고 구상된 것과는 아주 다른 형태를 가진다. 이 현존재는 본래적 현존재로서 예술에서, 시짓기에서 언어화된다.[2] 언어화된다는 것은 이 현존재에게 분명히 본질적

---

[2] **역주_** 명사를 동사화하기 쉬운 독일어와는 달리 우리말은 그러한 변용을 하기 힘들다. 여기에서는 존재사건의 관점에서 이해된 사태의 다양한 전개를 "-화"라는 형태로 통일하여 번역한다. (예를 들어 사물의 사물화, 작품의 작품화, 언어의 언어화, 시간의 시간화, 세계의 세계화 등). 이 책에서

이다. 지금까지 언급된 모든 형식의 "존재기투" 중에서 예술은 가장 자유롭다. 왜냐하면 현존재는 예술에서, 예술에 의해 자유에로 "결단"하기 때문이다.

자유의 과정 또는 단계로서 자연과학, 역사, 예술에 대한 하이데거의 논의 자체는 아직 논의되지 않은 철학으로 향하고 있다고 할 수 있다. 그렇다고 한다면 이때 철학은 자유의 "광선"에 가장 잘 상응하고, 자유의 최고 형식이라고 말할 수 있는 "존재기투"의 형식으로서 제시되고 있음에 틀림없다. 자유의 최고 형식으로서 철학은 다시금 가장 탁월한 결단이기도 하다. 이때부터 철학은 자유의 단계로서 자연과학, 역사, 예술을 명시적으로 드러내고 있다는 점에서 확실히 유일하게 특별한 우위를 가진다. 그러나 결정적으로 중요한 것은 그것이 아니다. 그렇다고 해서 왜 철학 역시 하나의 "존재기투"로서 불릴 수 있는지에 대해서는 아직도 제시되지 않았기 때문이다.

그러나 철학은 지금까지 다룬 자유의 단계를 넘어서는 것이다. 왜냐하면 철학 없이는 다른 자유의 단계를 유지하는 것이 가능하지 않기 때문이다. 심지어 철학과 가장 가깝게 있는 예술의 단계도 철학이 없이는 결코 유지될 수 없다.

철학을 통해 모든 자유의 단계는 잘못된 해명으로부터

피갈은 특히 "zur Sprache bringen"을 일반적인 용법이 아니라 언어의 언어화, 즉 언어의 존재사건을 나타내기 위해 자주 사용하고 있다.

보호되어야 한다. 무엇보다도 예술이 그런 경우에 속한다. 하이데거는 마지막으로 예술에 대한 그의 규정을 다음과 같이 정리한다. "예술작품과 시짓기 자체가 무엇인지 이해하기 위해서 철학은 비로소 예술의 문제를 미학적 문제로서 파악하는 것을 거부해야 한다"(GA 34, 64). 철학은 예술을 "높고 낮은 형태의 향유"로서 해명하는 것을 거부해야 한다. 철학이 "근원적으로" 수행될 때 비로소 예술로 접근하는 통로도 개방된다. 이를 통해 예술에 의해 개방된 고유한 현존재의 해명이 가능해진다. 그러나 철학은 근원적으로 시간으로 향한 존재기투로서 수행된다.

　　시간으로 향한 존재기투란 무엇인가? 이것은 『존재와 시간』에서 규정되었던 방식과는 완전히 다른 것이다. 거기에서 "기투"는 "이해"와 같은 의미를 가진 것으로서 고유한 가능존재, 즉 무규정성에서 고유하게 앞서 있는 가능성들에 대한 직접적 인지를 말하는 것이었다. 그리고 그 가능성들을 파악함으로써 사람들은 고유한 가능존재의 물음에 대해 대답할 수 있게 된다. "기투"에 대한 이러한 파악은 근본적으로 자연과학, 역사, 예술에서 수행되는 "존재기투"와 구별된다. 그러나 여기에서 사람들은 더 이상 가능성들에 대한 인지가 아니라 가능공간이 최초로 개방되는 사실과 관계하게 된다. 그리고 더 이상 무규정성에서 고유하게 앞서 있는 존재가 아닌 시간 자체가 인지되고 있다.

시간 자체가 어떻게 이해될 수 있는지는 우선적으로 한 번 더 하이데거의 플라톤 해석으로 돌아가 빛의 메타포로 제시된, 자유롭게 내어주는 자가 정확히 어떻게 이해될 수 있는지에 대한 물음을 따라갈 때에만 해명될 수 있다. 빛의 메타포, 또는 더 정확하게 말해 태양은 플라톤에서 선의 이데아를 말한다. 선의 이데아는 『국가론』에서 태양이 그의 빛을 통해 보는 것과 보일 수 있는 것을 가능하게 하는 것과 마찬가지로, 사유하는 것과 사유되는 것을 처음으로 가능하게 하는 것으로서 논의된다. 주요구절에 대한 하이데거의 번역에 따르면, 선의 이데아는 "인식 가능한 존재자에게 비은폐성을 허락하고, 인식하는 자에게 인식 능력을 제공하는 것"이다(GA 34, 103). "비은폐성"은 그 구절에 포함된 그리스어 "알레테이아"(aletheia)의 의미를 살리기 위해 선택된 낱말이다. 사실상 이 낱말은 인식될 수 있는 것이 선의 이데아에 의해서 인식될 수 있으며—비은폐되며—접근될 수 있다는 뜻이다.

플라톤에 있어서 "선의 이데아"로 불리는 것이 하이데거에게는 시간이다. 시간으로 향하는 시각이 없이는 어떤 존재 기투도 가능하지 않다. 왜냐하면 시간은 가능하게 하는 것 일반이기 때문이다. 시간 없이는, 그리고 시간 밖에는 그 어떤 것도 없다. 그리고 시간을 배제한다면 어떤 것도 생성할 수 없다. 그러므로 "광선"은 모든 구속으로부터 벗어나는 순수한 가능성의 경험, 즉 가능성 일반의 경험이다. 이 경험은 새로운 가능공간의 개방에서만 생겨날 수 있다. 시간으로 향한 "광선"은 비로소 본래적이고 명시적인 방식으로 시간적으로 존재하게 하는 것이다. 그러므로 이 "광선"은 시간 자체의 경험이다. 이를 통해 하이데거는 어떤 의미에서는 『현상학의 근본문제들』–강의에서 제시된 "현존"의 사유를 다시 수용하고 있다고 볼 수 있다. 여기에서 시간 자체는 세 형식으로 분류되고 있지는 않지만 시간의 경험만은 시간적으로 분류된 존재기투로 전환될 수 있다.

      물론 이것은 존재기투가 시간성의 탈자태에 종속된다는 것을 의미하지는 않는다. 존재기투는 오히려 가능공간을 기투한다. 그 가능공간에 의해 장래와의 관계맺음 뿐만 아니라 기재해 온 것도 제시된다. 시간의 자유롭게 내어줌에 대한 시각에서 존재기투는 현존재의 새로운 규정―"새로운" 시간에 의한 시간의 침입(Einburch)―이다. 존재기투는 하이데거가 1934/35년 겨울학기 강의에서 언급한 "근본사건"(Grundgeschehenis)이다(GA 39, 109). 이것은 1936년 이후에 "고유화"(Ereignis)로 불려진다.[3] 시간을 가능성 일반으로 경험함으로써 "새로운 시간"이

---

[3] **역주**_ "Ereignis"에 담아내고 있는 하이데거의 사유를 드러내는 번역어를 찾기는 쉽지 않다. 대개 "존재사건"으로 번역하는 경우가 많지만, 그때마다의 존재자를 그의 고유한 존재에서 나타나게 한다는 의미가 잘 드러나지 않는다는 문제가 있다. 따라서 여기에서는 독일어, "eigen"(자신의, 고유한)의 의미를 살려 "고유화"로 번역한다.

발생함과 함께 시간 자체가 고유화된다.

　여기에서 중요한 것은 새로운 가능공간의 성립이 아니라 이 가능공간이 가능성의 성격으로 보존되고 있다는 사실이다. 이것은 지금까지 고려되지 않았던 자연과학에 대해 하이데거가 논의를 전개하는 곳에서 특히 명백하게 드러나고 있다. 거기에서 하이데거는 자연과학의 기투에 대해 언급한다. 이 기투는 "오늘날에 이르기까지 원칙적으로 동일한 것"이다. 계속해서 그는 다음과 같이 말한다.

　　그러나 어떤 것은 변화되기도 하였다. 내용적인 가능성들, 방법적인 변혁이 일어난 것이 아니라, 무엇보다도 그[자연과학의] 기투는 **해방**의 근원적인 본질적 성격을 상실하였다. 그러한 사실은 오늘날 이론 물리학과 물리학 전반의 대상이 되고 있는 존재자가 현대 과학을 통해 더 이상 우리에게 더 **존재적**이 되지 않았고, 되지 않으며, 오히려 그 반대라는 점에서 드러나고 있다. 우리는 그 사실을 오늘날 자연철학이라고 불리는 열악한 지위에서 보고 있다(GA 34, 62).

　존재기투는 "해방의 근원적인 본질적 성격"을 가지고 있지만 그것을 상실할 수도 있다. 모든 기투는, 그것이 시간의 근본사건과 연관되어 있는 한, 분명히 "그의 시간"을 가진다. 사람들은 이 시간을 반대로 역사학적으로 계산가능한 시대적 의미로 생각해서는 안 된다. 그것은 존재기투가 역사학적 고찰에 종속되는 순간 "그의 시간"이 사라져 버린다는 것을 확인시켜 주는 가장 확실한 징표가 될 수 있다. 오히려 모든 존재기투는 그것에 의해 시간이 생겨난다는 의미에서 "그의 시간"을 가진 다. 이처럼 시간 자체는 사람들이 그것에 의해 가능하게 된 근원적인 개방성에 머물 수 있는 한, "일어난다." 개방성이란 사람들이 거기에서 "이후에 오는" 모든 "관계맺음"에 의해, 그리고 이후에 오는 모든 관계맺음을 위해 "구속"되는 바로 그것이다. 바로 이 개방성을 하이데거는 『존재와 시간』에서 "세계"라고 불렀다. 존재기투에 의해 기투된 가능공간이 하나의 세계이다.

이러한 관점에서 볼 때에도 새로운 구상은 이전 구상과 본질적으로 구별된다. 『존재와 시간』의 분석은 세계 안에 있는 현존재의 운동성만을 고려하였다. 거기에서 사람들은 본래적으로 또는 비본래적으로 "거기"에 존재할 수 있었으며, 그렇다고 해서 세계 자체가 변화되지는 않았다. 그에 반해 이제는 "새로운 세계"의 가능성이 문제된다. 나아가 현존재의 시간성이 세계-내-존재의 시간성인 한, 현존재의 시간성으로만 향하는 것과는 달리 세계의 시간성을 사유하는 것이 중시된다. 이제 하이데거에게는 시간 일반으로부터 세계가 새롭게 생겨난다는 사유가 중시된다.

존재기투는 세계기투이다. 그러나 세계기투는 세계형성이다. 이것에 대한 자세한 해명을 하이데거는 1929/30년 겨울학기 강의에서 다루고 있다. 이 강의의 주제는 특히 "현존재에서의 근본사건으로서 세계형성"이다. 여기에서 그는 "세계형성"을 삼중적 의미에서 이해한다. "인간 속의 현존재는 세계를 **형성한다**. 1. 현존재는 세계를 산출한다(herstellen). 2. 현존재는 세계의 상, 겉모습을 부여한다. 다시 말해 현존재는 세계를 묘사한다(darstellen). 3. 현존재는 세계를 이루어낸다(ausmachen). 현존재는 포용하는 자, 감싸는 자이다"(GA 29/30, 414). 여기에서는 하나의 "상"으로 세계를 "묘사"한다는 내용이 한층 더 근본적으로 파악되고 있다. 반면, 플라톤-강의에서 이 묘사는 하나의 규정된 형태의 세계형성으로 유보되고 있었다. 이것을 통해서 사람들은 하이데거가 그의 구상을 계속해서 어떻게 변경해 나갔는지를 알 수 있다. 그것은 플라톤-강의가 아직 마지막 단계가 아니라는 것을 의미한다.

『존재와 시간』에서의 세계형성과 비교해 볼 때 이 강의가 그 내용에 대한 아주 낯선 규정을 하고 있는 것은 물론 아니다. 이 강의의 규정에 따르면 세계는 "산출"된다. 이러한 의미를 하이데거가 아리스토텔레스와의 새로운 대결에서 찾겠다고 약속했다는 것은 전혀 이상한 일이 아니다. 1931년 여름학기 강의에서 그는 "고대 그리스 철학에서의 해석"이라는 강의 제목을 공지하고 아리스토텔레스의 『형이상학』 9권 1-3장을 강의하였다(GA 33, 225). 아주 상세하게 다루어진 강의에서의 논의들은 하이데거가 나중에도 계속해서 유지하게 될 다음과 같은 결론에 도달한다. 즉, 세계는 언어화됨으로써 산출된다는 것이다. 따라서 사유해야 할 것은 자유의 단계로서 예술, 시짓기일 뿐이며, 거기에 덧붙여 세계는 시짓기를 통해 산출된다고 말할 수 있다. 여기에서 하이데거는 언어에 대한 새로운 이해를 여는 결정적인 중요한 발걸음을 내딛게 된다. 그 이해는 비로소 하이데거의 횔덜린-해석과 『예술작품의 근원』(1936)의 강연에서 탁월한 방식으로 정리된다.

　　아리스토텔레스-강의에서 하이데거의 새로운 언어이해가 처음으로 제시되고, 나아가 거기에서 사람들은 그의 언어이해를 가장 명백히 이해할 수 있다. 이 강의는 무엇보다도 낱말 "로고스"에 대한 해석을 집중적으로 다루고 있다. 하이데거가 말하듯이 로고스의 의미에서 말함(Sprechen)은 "모음(Auslesen), 공속하는 것을 모아 결집함(Sammeln)"이다(GA 33, 142). 로고스를 통해 사람들은 사태에 속해 있는 것을 제시하고, 나아가 통일성을 가진 사태를 비로소 명시적으로 드러나게 한다. 『존재와 시간』에서 하이데거는 말(Rede)을 상호 공동존재의 열어 밝혀져 있음으로서 이해하였다. 이 사유를 이제 새로운 언어이해와 연결시킨다면 사람들은 세계의 산출에서 이해되어야 할 것이 무엇인지를 분명하게 알 수 있다. 현존재의 연관이 새롭게 언어화되는 것은 이 연관에 속해 있는 것이 이야기될 때이다. 그때 공동세계가 건립된다(stiften). 하나의 새로운 세계가 열릴 때, 현존재에서의 공동체도 "일상인"의 "잡담"에 의한 공동체와는 다르게 건립될 수 있다. 이때 지배적인 것은 "존재자를 '하나'로 결집함"이다. 그러나 여기에 덧붙여 하이데거는 "현존재에는 동시에 분산(Zerstreuung)이 있다"고 말한다(GA 33, 128).『존재와 시간』에서 말은 침묵의 양상에서만 "본래적으로" 존재할 수 있었던 반면, 이때부터 분절된 언어가 회복된다.

　"동시에 분산이 있다"는 현존재에 대한 언급은 한편으로는 친숙하게 들리기도 하고, 다른 한편으로는 틀림없이 놀라움을 불러일으키는 것이기도 하다. 그것이 친숙하게 들리는 것은『존재와 시간』에서 나오는 비본래성의 논의를 읽은 후 잡담의 방향에서, 그리고 잡담에 의해 제시되는 가능성들에 "분산의 지속적인 가능성"(GA 2, 229/172)이 있다는 것을 알게 되었을 때이다. 흥미 있는 모든 이야기에 관심을 가지고 그것에 대한 "호기심"에 빠져 있는 사람은 어떤 것에 집중하지 못하고, 오히려 전혀 알지도 못하는 많은 관심거리에 분산되어 있다(GA 2, 226 이하/170 이하). 이것을 하이데거는 이미 교수자격 논문에서 현대적 삶의 "피상성"이라고 언급한 적이 있었다. 그러나 다른 한편으로 현존재가 "동시에 분산"되어 있다고 하는 이 언급은 놀라운 것이다. 왜냐하면 분산은 현존재 자체와 연관되어 있지만 현존재를 위한 하나의 가능적 존재방식으로만 여겨지지 않기 때문이다.

　1928년 여름학기에 개설한 하이데거의 강의는 그 의미를 보다 더 정확하게 알려주고 있다. 여기에서 하이데거는 한

번 더 "존재와 시간의 문제"를 요약하고, 그것을 현존재의 개
념에 근본적으로 적용한다. 이를 통해 사람들은 다음과 같은
사실을 알게 된다. "'현존재'라는 제목의 중립성은 본질적이
다. 왜냐하면 이 존재자의 해석은 모든 현사실적 구체성에서
철저히 수행되기 때문이다"(GA 26, 171 이하). 『존재와 시간』에
서 하이데거는 이와 유사한 숙고들을 제시한 바 있다. "현존
재"는 우리의 존재방식을 지칭한다. 반면 "인간"이라는 낱말은
하나의 존재자를 나타낸다(GA 2, 16/11). 따라서 『존재와 시간』
의 기획을 위해 "인간학"이라는 제목은 사용될 수 없었다. 그러
나 하이데거가 "현존재"라는 용어의 "중립성"을 제시하고 난
이후 그는 "현존재"를 그때마다 나의 것이라는 존재방식으로
만 더 이상 이해하지 않는다. 오히려 그는 그 중립성을 무엇보
다도 "공동존재"를 비로소 가능하게 하는 것으로 여긴다. "현
존재 일반"은 "신체성, 그리고 그와 함께 성적 본성으로 나아가
는 현사실적 분산의 가능성"뿐만 아니라, "종적인(gattungshaft)
공동의 추구와 종적인 결합"도 포함한다"(GA 26, 175). 이로써
"현존재"는 공동체로도 지칭될 수 있는 개념이 되었다.

　　하이데거가 여기에서 현존재의 개념에 부여하고 있는
근본적인 적용은 한층 더 상세하게 고찰해 볼 만한 가치가 있
다. 『존재와 시간』에서도 "현존재"라는 용어는 분명히 어떤 고
립된 실존을 의미하는 것이 아니었다. 오히려 현존재는 항상
이미 "나의" 존재방식에 속하며, 다소 명시적인 타인과의 관계

맺음에 있다는 것을 하이데거는 확실하게 정리해 주었다. 그러나 비본래성과 본래성의 운동은 애매한 잡담의 공동체로부터 해방되고 "가장 고유한 존재가능"에 이르도록 타인들을 자유롭게 내어주는 거기에서 성립하였다. 따라서 "현존재"는 개별자들의 존재방식을 지칭하는 것이었으며, 본래성과 비본래성의 논의는 잡담에서 진행되는 개별성의 비본래적인 은폐와 그것으로부터 자유롭게 되는 것 사이에서 일어나는 운동을 다룬 것이었다.

나아가 하이데거는 『존재와 시간』에서 "공동체의 발생"에 대해 말하고, 이것을 "민족의 발생"으로 지칭하기도 하였다. 그러나 여기에서 중요했던 것은 다만 그 발생이 "그의 '세대' 안에서, 그리고 그의 세대와 함께하는 현존재의 운명적인 역사(Geschick)" 속에 갇혀 있지 않다는 사실이었다(GA 2, 508/384 이하). 사람들은 "세대"를 공동체가 아니라, 하이데거가 딜타이의 정식화에 따라 각주에서 직접 제시하고 있듯이 "나타난 다른 요소들의 다양성에도 불구하고 수용의 시대에 등장했던 것과 같은 거대한 사실들과 변화들에 의존하여 동질적인 전체와 연결되어진 개별자들의 밀접한 집단"으로서 이해해야 한다.[4] 피

4] W. Dilthey, *Über das Studium der Geschichte der Wissenschaften vom Menschen, der Gesellschaft und dem Staat* (1875), in : Gesammelte Schriften, Bd. V, Göttingen 1982, 37 (36–41).

할 수 없는 "운명적인 역사"라고 불리는 하나의 소속성이 세대의 소속성(Zugehörigkeit)을 통해 특징지어진다. "운명적 역사"란 사람들이 그때마다 현존재의 현사실로서 성립되어야 할 세대의 소속성을 발생시키는 사건이다. 그러나 이것과 새로운 구상은 뚜렷이 구별된다. 하이데거는 더 이상 "현존재"를 바로 "그때마다 나의 것"으로서 이해하지 않는다. 이때부터 그는 공동체를 존재기투에서 언어화되는 세계에 의해 비로소 형성된 것으로 사유할 수 있는 가능성을 마련한다. 세계형성은 공동세계의 형성이다.

　　『존재와 시간』이후 그가 발전시키고 있듯이 하이데거가 구상한 내용의 중심에는 철학에 대한 새로운 규정이 성립되고 있다. 철학은 이제 더 이상 현존재의 "해석"이 아니라 존재기투에 대한 명시적인 형식이다. 이런 의미에서 하이데거는 이미 1928년 강의에서 철학을 "인간의 본성"에 속하는 "형이상학"으로서 규정한다(GA 26, 274). 30년대 중반 이후와 다르게 여기에서 "형이상학"이라는 표현은 여전히 긍정적으로 이해되고 있다. 1929년 7월 24일에 발표했던 프라이부르크 대학 교수 취임강의에서 그는 이 표현을 수용하면서 형이상학은 "현존재에서의 근본사건"이라고 말한다(GA 9, 122). 플라톤-강의의 논의에 따라 이것은 다음과 같이 해명될 수 있다. "형이상학"은 시간으로 향한 시각에서의 존재기투이다. 사람들은 이를 통해 철학만이 특징지어지는 것이 아니라는 것을 알아야 한다. 그와

연관하여 하이데거는 교수취임강의에서 철학을 "거기에서 그
것[철학]이 그 자신과 그의 명시적 과제에 도달하는 형이상학
을 작동시키는 일(das In-Gang-bringen)"이라고 부른다(GA 9,
122). 철학은 존재기투의 최고 형식이다. 왜냐하면 철학은 존재
를 명시적으로 시간에서 이해하고, 그와 함께 존재기투의 다른
형식들을 현존재 안에 "부과된 것"으로서 비로소 정당화하기
때문이다. 철학은 결단의 최고 형식이다. 왜냐하면 결단을 통해
존재기투는 비로소 그 자체로서 조금의 오해의 여지도 없이 알
려질 수 있으며, 내부 세계적 행위의 통상적인 일상으로 퇴락
하는 것을 지켜줄 수 있기 때문이다. 철학은 존재기투를 본래
성에 머물게 한다. 그리고 철학이 그렇게 할 수 있는 것은 모든
존재기투가 그 본질에 따라 철학적, 즉 "형이상학적"이기 때문
이다. 존재기투와 더불어 새로운 시간의 침투가 일어나고 시간
이 고유하게 되는 한, 철학은 바야흐로 때가 되었음을 알린다.
철학은 새로운 세계와 그와 함께 형성된 공동체를 고지한다. 철
학은 새로운 시간과 새로운 세계의 봉사를 떠맡는다. 왜냐하면
새로운 시간과 새로운 세계에서 현존재는 "본질의 근원적인 긍
정성과 강력함"을 행사하고, 동시에 모든 오해를 정당하게 물
리칠 수 있기 때문이다(GA 26, 172). 이미 여기에서 하이데거의
철학은 근본적으로 정치에 개방되어 있는 모습을 보여준다.

정치 : 봉기와 시원의 부재

1933년 4월 21일, 하이데거는 거의 만장일치로 프라이
부르크 대학의 총장으로 선출되고, 같은 해 5월 1일, 독일 국가
사회주의 노동당(NSDAP)에 입당한다.[5] 그는 직무에 참여함과
동시에 무엇보다도 "지도자 원리"(Führerprinzip)의 의미에서 새
대학법을 관철시키려고 시도한다.[6] 그 외에 총장 재임기간 동
안 뚜렷하게 남길 만한 바람직한 행적들은 별로 찾아볼 수가
없다. 분명히 하이데거는 "국가사회주의의 혁명"을 환영하였
다.[7] 심지어 하이데거가 1933년 이전부터 이미 국가사회주의
에 대해 정치적으로 동조하였다는 것에 대해서도 의심의 여지
가 없다. 그럼에도 불구하고 사람들은 적어도 하이데거의 정치
적 입장이 모호했다는 것을 1932년 6월 22일에 엘리자베스 블
로흐만에게 쓴 편지로 알 수 있다. 그는 자유주의와 마찬가지
로 가톨릭 중심주의와 공산주의에 거부하는 입장을 취하였다.
이 편지는 그가 국가정치의 의미에서 사유하고 있었다는 것을
보여준다. 하이데거에게 국가사회주의는, 많은 다른 지식인들

[5] 자세한 내용은 다음의 책을 참조할 것. H. Ott, *Martin Heidegger. Unterwegs zu seiner Biographie*, Frankfurt a. M./New York 1988.
[6] 같은 책, 191.
[7] 같은 책, 196 이하.

이 생각했던 것처럼 명백히 반교회적·반공산주의적 경향은 물론, 정치적으로 허약한 바이마르 공화국에 대한 대안이었다. 오늘날의 관점에서 보면 이것은 납득이 잘 되지 않는 것이다. 그러나 적어도 어느 정도는 역사적으로 생각해야 할 필요가 있다. 당시에 사람들은 바이마르 공화국을 이전 독일 연방공화국의 전형으로 간주하지 않았다. 하이데거의 평가도 그 시대의 상황과 조건으로부터 벗어나고 있지 않다. 그와 마찬가지로 잊지 말아야 할 것은 1930년대 초에 살던 사람들은 최종적으로 1945년 이후에나 알려지게 되는 국가사회주의에 대해 아직 제대로 알 수 없었다는 사실이다. 그렇다고 해서 하이데거의 정치적 동조가 결코 정당화될 수는 없다. 이것은 그의 동조가 역사적 맥락 속에 있었다는 사실만을 제시하는 것이다.

중요한 것은 그것이 아니라 하이데거가 단순한 기회주의적 가담자가 아니었다는 사실이다. 그는 반부르주아적 조치를 동반한 국가사회주의의 혁명을 의심할 여지없이 받아들였다. 그것은 청년운동 때부터 삶의 개혁적 경향을 가진 하이데거에게 이미 친숙한 것이었다. 그것을 그는 1918년에 엘리자베스 블로흐만에게 쓴 편지에서 이미 다음과 같이 표현하고 있다. "정신적 삶"은 "다시금 우리에게 진정 **현실적인 것**이 되어야 하고", 그것은 "'전복시키고' 진정한 봉기를 일으키는 인격으로부터 나오는 힘"이 되어야 한다(HBBr 7). 이것이 반부르주아적으로 생각하는 사람들을 위한 "시대정신"이었다. 다른 사람들은 공산주의적 동기에서 하이데거가 국가사회주의에서 했던 것과 유사한 것을 약속하였다.

국가사회주의에 대한 그의 동조는 간혹 비정치적인 것으로 여겨졌다. 이것은 확실히 옳은 판단이라고 볼 수 있다. 하이데거는 이전에 정치적으로 소신을 밝힌 적이 한 번도 없었으며, 1933년까지 정치철학과 대결한 적도 없었다. 플라톤과 아리스토텔레스에 대한 그의 영향력 있는 해석에서도 정치는 중심주제로서 그 어떤 역할을 하지 않았다. 하이데거는 정치에 대해 어떤 구체적인 철학적 개념을 가지지도 않았다. 국가 통치 기술에 대한 물음, 다양한 지배형식에 대한 물음, 사회정의에 대한 물음과 같이 플라톤과 아리스토텔레스에서—이 철학자들에게서 뿐만이 아니라—상세히 논의될 수 있는 그런 물음들이 하이데거에게는 등장하지 않는다.

그러나 이것은 하이데거의 정치적 야망과 결정적인 관계가 없다. 왜냐하면 그는 그후에도 계속해서 비정치적으로 처신할 수 있었지만 더 이상 그렇지 않았기 때문이다. 중요한 것은 국가사회주의의 혁명이 하이데거가 『존재와 시간』의 출판 이후 철학적으로 연구한 것과 관계하고 있다는 사실이다. "현존재에서의 근본사건"으로서 "형이상학"을 이해하는 그의 구상은 오해할 수 없을 만큼 그러한 것을 배후에 두고 있었다. 이것은 독일제국의회에서 "전권위임법"이 공포된 일 주일 후에 그가 엘리자베스 블로흐만에 쓴 편지에서 명백히 드러난다.

　　현재의 사건은 나에게—많은 것이 애매하고 극복되지 못한 상태에 있다는 바로 그 이유에서—이상할 정도로 축적된 힘을 가진 것으로 보인다. 그것은 위대한 임무의 봉사를 실행하고, 민족적 기초를 둔 세계건설에 협력할 의지와 확실성을 증대시킨다. 오래 전부터 단순한 '문화'의 창백함과 그림자 같은 공허함, 그리고 소위 '가치'의 비현실성이 나에게는 무상한 것이 되었고, 그것들은 나로 하여금 현-존재에서 새로운 토대를 찾게 했다. 우리가 새로운 방식과 자기화를 통해 존재 자체와 대면할 때에만 우리는 토대와 동시에 서구역사에서 독일인의 소명을 발견할 것이다. 따라서 나는 장래로부터 현재를 전체적으로 경험하고 있다. 그렇게 할 때에만 정당한 참여와 참된 실행을 위한 당연한 전제인 우리 역사의 **절박함**(Inständigkeit)이 증대될 수 있다(HBBr 60).

　　무엇보다도 이 편지의 마지막 문장은 하이데거가 가담자도 아니며, 정치노선에 충실한 당원도 아니었음을 알게 한다. 만약 "우리 역사의 절박함"이 참된 실행을 위한 **전제**라면, 이때 정치적 사건들은 그 자체로 볼 때 본질적인 것이 아니다. 오히려 본질적인 것은 "민족적 기초를 둔 세계"의 건설이 존재기투의 연관에 속해 있다는 사실이다. 무엇보다도 이 기투가 여전히 선행되어야 한다. "현존재에서의 토대"와 "서구 역사에서 독일인의 소명"이 여전히 일차적인 것으로 발견되어야 한다.

　　하이데거가 앞부분에서 "현재의 사건"이 그에게 아주

"애매하고 극복되지 못한 상태"에 있다고 썼을 때, 이것은 정치적 상황의 불분명함에 대한 반성을 말하려는 것이 아니다. "현재의 사건"의 불확실성은 현재가 여전히 존재기투에 의해 해명되지 않았다는 거기에 근거를 가진다. 바로 그렇기 때문에 현재에는 더 많은 기회가 주어지는 것이다.

사람들이 현재적인 것을 이렇게 "장래로부터 전체적으로" 경험한다면 현재 자체는 불분명하게 있을 수밖에 없다. 하이데거는 현재에서 실현된 것을 주목하고 있지 않다. 그렇게 하지 않는 이유는 현재를 그는 이행과정(Übergang)으로만 경험하기 때문이다. 이미 1929/30년 겨울학기 강의에서 언급되었던 것처럼 "이행과정"은 "사건의 근본적인 본질"(Grundwesen)이다(GA 29/30, 531). 현재가 이행과정일 때, 사람들은 그 현재에 자신을 내맡겨서는 안 된다. 그렇지만 사람들이 현재에 장래를 부여하는 한, 그 현재에 대해 "반시대적" 태도를 취해서도 안 된다.

사람들이 규정된 현재에 장래를 부여할 것인지 아니면 부여하지 않을 것인지는 다시금 확실히 하나의 정치적 판단력에 대한 물음이다. 그러나 이 정치적 판단력은 사유의 전형들(Denkmuster)에 의해 축적될 수도 있으며, 반대로 그것들에 의해 그 힘을 상실할 수도 있다. 이러한 사유의 전형들 중 하나가 존재기투에 대한 하이데거의 구상이다. 이 구상은 극히 "봉기에 민감"하고, 곧바로 봉기상황에 현혹되어 끌려가기 쉬우며,

그러한 징표가 나타날 때 현재에 당면한 것을 가장 먼저 봉기로 간주하게 된다. 나아가 존재기투는 장래와 기재를 포함하기 때문에 기재하는 것도 그러한 경향에 휩쓸려 이해되기 마련이다. 이때에는 봉기상황에 대한 유보적인 보수적 태도도 배제된다. 국가사회주의적 "봉기"(Aufbruch)에 대한 하이데거의 열망은 그의 철학에 담긴 혁명적인 논리 속에, 특히『존재와 시간』이후 그의 철학 속에 담겨 있다.

그럼에도 불구하고 많은 사람들이 말하고 있는 하이데거 철학의 "파시즘적" 성격에 대한 물음은 근본적으로 잘못된 것으로 간주되어야 한다. 나아가 그의 구상은 명백히 특수자를 위한 주장일 뿐, "세계주의적"인 것이 아니다. 존재기투는 보편자로 향하지 않는다. 왜냐하면 보편자는 하이데거에게 항상 "추상"을 통해서만 성립될 수 있기 때문이다(GA 26, 172). 언어화되고 거기에서 "산출될" 수 있는 것은 항상 하나의 규정된 가능공간, 하나의 규정된 세계일뿐이다. 보편적인 언어란 없으며, 따라서 다른 언어를 무시하는 제국주의는 배제될 수밖에 없다. 시대를 거슬러 올라가 사유실험을 해본다면 아마도 하이데거는 1848년에 있었던 국가 혁명도 그의 개념적 도구를 통해 해석했었을 것이다.

하이데거가 제시한 사유의 전형에서 판단해 볼 때, 존재기투라는 사유의 전형과 분리하지 않더라도 하이데거가 국가사회주의에 대한 근본적인 비판을 전개할 수 있다는 것을 사람

들은 알 수 있다. 따라서 사유의 전형 자체는 조금도 문제될 것
이 없으며, 나아가 문제의 소지가 될 수 있는 것조차 정치적 차
원에서 발견된 것은 없다. 그럼에도 불구하고 하이데거는 『존
재와 시간』 이후에 그가 전개한 철학의 구상을 처음으로 정치
의 관점에서 해명하였다. 하이데거는 "독일 대학의 자기 주장"
이라는 표제 아래에 행한 대학총장 취임연설에서 "형이상학"
에 대한 정치적 해명을 시도하였다.

　　하이데거의 총장연설은 정치적인 발언이라기보다는 하
나의 철학적 문헌이다. 거기에는 철학을 정치와의 관계 속에서
정립하려는 노력이 담겨 있다. 만약 이 주장이 맞는다면 하이
데거가 철학을 정치적인 것에 편입시키거나, 또는 그것에 종속
시키려고 하지 않았다는 다른 주장들은 옳다고 할 수 없을 것
이다.

　　연설의 결론을 읽는다면 아마도 그 주장이 옳다는 것을
아주 명백하게 알 수 있을 것이다. "고대 그리스의 지혜의 말에
담긴 깊고도 넓은 숙고를 마음 속 깊이 되새길 때 비로소 우리
는 이 봉기의 찬란함과 위대함을 완전히 이해하게 될 것이다.
그 말은 다음과 같다. '타 메갈라 판타 에피스팔레'(tà megála
pantá episphalê) […] '위대한 모든 것은 폭풍우 속에 있다'(Platon,
Politeia 497 d 9)"(SddU 19).

　　자주 사람들은 여기 인용된 그리스어 문장을 의미를 왜
곡해서 하이데거가 번역했다고 말한다. 이 문장에 대한 하이데

거의 번역은 친숙하지 않은, 자유로운 번역이라고 할 수 있다. 낱말 그 자체로 본다면 형용사 "episphalés"는 "앞으로 추락할 경향이 있는", 또는 "불확실한"으로 번역되어야 한다. "폭풍우 속에 있는" 것은 "추락하는 경향"이 있고, "불확실"하거나 또는 "위험"하다는 뜻이다. 그러나 사람들은 하이데거가 무엇인가 다른 것을 말하고 있지는 않은가를 물어야 할 것이다. 이보다 더 흥미로운 것은 여기에서 "위대한 모든 것"이 본래 무엇인가 하는 물음이다. 겉으로 보기에도 하이데거의 연설은 그 인용문의 문맥을 통해서 이 물음에 대한 명백한 대답을 제공하고 있다. 위대한 모든 것은 "찬란함과 위대함" 속에 발생하는 "봉기"이다. 이것은 그 인용문이 나온 플라톤의 『국가론』의 문맥과 다르다.

　　그렇다고 해서 연설의 결론을 맺기 위해 하이데거가 그 문맥과 관계없이 임의적으로 그 인용문을 빼내어 온 것은 아니다. 플라톤을 제대로 읽으려고 노력하는 사람은 인용문과 연관된 『국가론』의 논의가 하이데거가 주목하고 있는 것과 정확히 일치하고 있다는 것을 확인할 수 있다. 여기에서 문제가 되는 것은 철학과 정치의 관계, 더 정확하게 말해 가능적인 국가의 정치체제와 철학의 관계이다. 소크라테스는 철학적 소질, 즉 철학적 경향을 가진 사람들이 나쁜 정치체제를 가진 국가에서는 몰락할 위험이 있으며, 이 위험을 모면하려면 정치적인 것으로부터 물러날 수밖에 없다는 것을 상세히 기술하고 있다. 그러나 이것은 사태의 한 단면일 뿐이다. 철학이 국가에서 기껏 주변적인 것을 다루는 일에 머문다면 그것은 국가 자체를 위해 위험한 일이라는 사실이다. 나쁜 국가에서는 철학이 위협을 받는다. 철학이 없다면 국가는 위험에 빠진다. "위대한 모든 것"에 대한 구절을 정확하게 인용해 보면 다음과 같다. "왜냐하면 모든 위대한 것은 추락하는 경향이 있기 때문이다. 그리고 속담이 말하는 것처럼 아름다움은 참으로 어려운 것이다"(Politeia 497d 9 이하). 여기에서 소크라테스가 말하고 있는 위대함과 아름다움은 철학과 정치가 동등한 비중을 가지고 있음을 나타낸다. 올바른 국가에서만 철학은 현실적으로 발전할 수 있으며, 철학이 없다면 올바른 국가는 결코 가능하지 않다. 하이데거는 그 인용문의 문맥을 명백하게 알고 있었다. 이때 "폭풍우 속에 있는" 것은 동등한 비중을 가진 철학과 정치를 의미한다.

　　총장 취임연설은 이러한 철학과 정치의 동등한 비중이 어떻게 가능한지를 제시해야 했다. 하이데거의 연설은 두 부분으로 나눌 수 있다. 첫째 부분은 철학과 학문에 대한 것이고, 둘째 부분은 정치에 대한 것이다. 거기에서 철학과 학문은 통일적인 것으로서 여겨진다. "알든 모르든, 원하든 원하지 않는 간에 모든 학문은 철학이다." 학문은 그리스 "철학의 시원에 연루되어" 있기 때문이다(SddU 11). 이 논제는 앞에서 다루었던 플라톤-강의의 구절을 통해서도 익히 알 수 있는 것이다. 학문이 철학적으로 명시되어 시간 속에 정립될 때에만 학문은 그 기투의 근원성을 보존할 수 있다. 학문이 그 기투의 근원성을 은폐하는 한, 그 은폐에 맞서는 작업에 착수하여 학문을 비로소 다시금 그것이 참되게 있는 바대로 자유롭게 내어놓는 것이 철학의 과제이다. 그것을 위해 하이데거는 지금 또 다시 "시원"으로 소급해 간다. 시원은 존재기투의 척도를 제공하기 때문이다.

이처럼 모든 학문이 참으로 철학이라고 한다면 철학 자체가 규정될 때에만 학문도 그 본질에서 규정될 수 있다. 하이데거가 이러한 규정을 수행하는 방식은 연설의 두 부분이 아주 밀접하게 연결되어 있다는 것에서 이미 드러나고 있다. 하이데거는 철학을 그에 대한 그리스적 이해와 연관하여 "테오리아"(theoría)로서 규정한다. 그의 이해에 따르면 테오리아는 "진정한 프락시스(praxis)의 최고 실현" 이외에 다른 것이 아니다(SddU 12). 다시금 프락시스는 하이데거의 연설에서 볼 때, 무엇보다도 정치적인 본성을 가진 것이며, "노동의 의무", "병역의 의무", "지식의 의무"로 나타난다(SddU 15). 이러한 하이데거의 말은 정치적 관계를 전적으로 긍정하고 있는 것처럼 들린다. 그러나 간과해서 안 될 것은 "지식의 의무"를 삽입한 것이 당시 청중들의 귀에는 틀림없이 거슬렸을 것이라는 점이다. 세 분류를 통해 하이데거는 다시금 플라톤으로 소급하여 『국가론』의 사유에 기초한 폴리스(polis)의 세 신분—수공업자, 수호자, 철인 지배자—을 받아들이고 있다. 그는 세 신분을 국가의 가능공간에서 이루어지는 결속(Bindung), 즉 자유 개념의 의미에서 해

명한다. 이 결속에서 가능공간이 비로소 개방되고 동시에 자유
롭게 인수된다.

　　이 정치적 "결속"은 하이데거의 연설문에 따르면 "동일
한 필연성과 동일한 위계"를 보장하는 것이어야 한다(SddU 16).
그러나 그러한 보장은 진지하게 고려되고 있지 않다. 왜냐하면
사유의 연관에 있어서 하이데거에게 계속적으로 영향을 주고
있던 플라톤−강의는 의심할 여지없이 철학의 우위를 제시하
고 있기 때문이다. 나아가 하이데거가 연설에서 말하고 있는
그러한 보장은 앞에서 말한 분류―여기에서 수공업자, 수호
자, 철인 지배자는 계급적 위계를 형성한다―에 따라 형성된
국가를 정의롭다고 하는 플라톤의 「대화편」에 담긴 사상과도
맞지 않는다. "지식의 의무"로 파악된 철학은 자기 자신을 국
가의 정점 위에 놓는다. 이런 점에서 하이데거는 결국 철학의
위상을 이중적인 관점에서 제시하고 있다고 볼 수 있다. 그는―
"지식의 의무"로서―철학을 정치로부터 이해함으로써 정치를
철학에 종속시키고 있다.

　　이러한 그의 태도는 봉기의 찬란함과 위대함에 의해 본
래 보존되어야 할 것을 위해서는 어쩔 수 없는 당연한 귀결이
다. 국가의 운명은 철학에 의존하고 있으며, 바로 그 때문에 참
으로 위협적인 폭풍우 속에 있다. 학문, 다시 말해 철학은 궁극
적으로 유일하게 국가의 본질적 성격을 보증할 수 있다. 철학이
그러한 상황에 있는지는 다시금 물음으로 여전히 남아 있다.

하이데거의 말처럼 "단지 그때에만", 다시 말해 "우리가 다시금 우리의 정신적-역사적 현존재의 **시원**의 힘 아래 서는 바로 그때 […] 철학은 진정하게 성립될 수 있다." 그는 계속해서 다음과 같이 말한다. "이 시원은 그리스 철학의 봉기이다. 거기에서 그의 언어를 통해 하나의 민족을 이룬 서양인이 처음으로 **존재자 전체**에 맞서고, 그것을 존재하는 존재자로서 묻고 파악하였다"(SddU 11). "시원은 그리스 철학의 봉기이다"라는 말을 우리는 주의 깊게 살펴볼 필요가 있다. 여기에서 "봉기"와 "시원"은 존재기투와 그것을 가능하게 하도록 자유롭게 내어주는 것, 즉 시간으로 향한 시각의 양 측면을 나타낸다. "시원"은 시간의 사건, 즉 "고유화"이며, "봉기"는 시간적으로 생기하는 가능공간의 개방이다. 그리스 철학에서 "시원"과 "봉기"는 합쳐 있다. 그러므로 사람들은 현재의 봉기의 찬란함과 위대함에 대한 연설을 먼저 감탄의 표현으로서만 읽어서는 안 될 것이다. 왜냐하면 현재의 봉기는 시원이 없기 때문이다. 존재기투는 시원에서만 가능하기 때문에 현재의 봉기는 어떤 존재기투도 아니며, 기껏해야 그러한 기투를 허락하는 것일 뿐이다. 이것은 잠시 뒤에 기대 이상으로 아주 명백하게 언급되고 있다.

　시원은 여전히 **있다**. 그것은 **우리 뒤에** 오랫동안 기재해 온 것이 아니라 오히려 우리 **앞에** 있다. 시원은 가장 위대한 것으로서 오고 있는 모든 것을 이전부터 넘어서 있으며, 또한 우리 자신도 넘어

서 있다. 시원은 우리의 장래에로 침투하고, 거기에서 자신의 위대
함을 다시 되찾기 위해 우리를 멀리서부터 장악하고 있다. 시원의
위대함을 다시 획득하기 위해 우리가 이렇게 멀리서부터 장악해
오는 사건에 결단하여 순응할 때에만 학문은 우리에게 있어서 현
존재의 가장 내적인 필연성이 된다. 그렇지 않을 경우 학문은 우리
가 마주치는 우연에 그치거나, 또는 단순히 앎의 발전을 촉진하기
위한 무사 안일한 활동에 불과하다. 그러나 우리가 멀리서부터 장
악해오는 시원의 사건에 순응할 때 학문은 틀림없이 우리의 정신
적–민족적 현존재의 근본사건이 될 것이다(SddU 12 이하).

　　시원은 우리 앞에 놓여 있다. 그리고 현재의 "봉기"에서
시원의 "위대함"이 다시 획득될 수 있을지는 확실하고 완전하
게 결정되어 있지 않다. 하이데거의 간명한 표현처럼 현재는
여전히 "많은 것이 애매하고 극복되지 못한 상태에" 있을 뿐이
다. 총장 취임연설 당시에도 변한 것은 아무 것도 없었다.
　　하이데거가 그에게 닥친 현재의 봉기를 이처럼 시원이
부재하는 봉기로서 이해하는 한, 왜 "위대한 모든 것은 폭풍우
속에" 서 있는지에 대한 이유도 한층 더 명확하게 드러난다. 즉,
정치적 봉기가 철학에 의해 인도되어 존재기투로 진행되지 않
는다면 그것은 실패할 위험 속에 놓이며, 철학이 "진정한 프락
시스의 최고 실현"으로서 정치적으로 작용하고 존재기투로 진
행시키는 것을 성취하지 못한다면 자신도 실패할 위험 속에 놓
이기 때문이다. 이처럼 하이데거는 철학을 그의 운명에서 정치

와 결부시키고, 정치를 그의 운명에서 철학과도 결부시킨다.

이것은 곧바로 왜 하이데거가 그러한 철학의 작용을 생각하게 되었는지에 대한 물음으로 이어진다. 먼저 일반적으로 말한다면 그는 국가를 위해 대학이 해야 할 지도적 역할에 의미를 부여하고, 플라톤이 『국가론』에서 소크라테스를 통해 기술하고 있는 것처럼 대학을 철학자들과 그 제자들의 공동체와 같은 것으로 여긴다. 대학이 이러한 요구에 부합함으로써 대학은 하이데거의 연설제목에 함축된 의미대로 자기 자신을 주장할 수 있다. 다시 말해 대학은 자신을 정치에 종속시키는 것을 목적으로 하는 요구에 대하여 자신을 주장할 수 있다. 대학으로 하여금 이러한 자기 주장을 하게 함으로써 하이데거는 철학과 정치가 동등하지 않은 상태에 있지 않다는 것을 보여주고 있다.

다른 한편으로 분명한 것은 대학의 자기 주장은 정치적인 것에 대립하여 자기만의 성을 쌓는다고 해서 결코 성립될 수 있는 것이 아니라는 점이다. 오히려 대학의 자기 주장은 대학이 철학과 학문의 장소로서 정치적인 것에 의해 요구받고 있다는 것을 느끼고, 자발적으로 정치적인 것을 요구함으로써 성립되는 것이다. 이러한 상호적인 요구의 장소는 다시금 대학일 수밖에 없다. 왜냐하면 대학에서 정치와 철학이 서로 만나기 때문이다. 대학은 정치가 대학으로서 요구하는 것을 그의 고유한 가능성의 틀 안에 받아들임으로써 자기 자신을 주장할 수 있다.

철학과 정치의 상호적인 요구에 이어 하이데거는 그의 연설의 끝부분에서 "교수와 학생의 투쟁공동체"에 대해 언급한다. 이것은 자칫 잘못하면 호전적인 감정을 불러일으키는 말로 들릴 수 있다. 하이데거는 이 말을 그 이후에도 바꾸지 않았다. 1945년에 총장 재임기간에 대해 쓴 회고록에서 그는 여기에서 말하는 투쟁을 헤라클레이토스의 「단편 53」에 담긴 의미에서 이해해야 한다고 알려주고 있다(SddU 28 이하). 심지어 그는 연설에 담긴 생각을 정확하게 풀어서 설명해 주고 있다. "투쟁의 공동체"는 자발적으로 "봉기"에 참여하는 일군의 교사와 학생이 아니라, 오히려 선생과 제자 사이의 대결을 의미한다. 대결은 자주 잘못 해석되고 있는 헤라클레이토스의 명제, "만물의 아버지는 전쟁이다"에서 나오는 "폴레모스"(polemos)라는 낱말의 의미이다.

분명하게 연설에서 이해할 수 있듯이 바로 거기에서 대결이란 교사가 철학의 위치에, 학생이 정치의 위치에 자리 잡고 있는 대결을 말한다. "학생의 본질적 의지"는 하이데거의 말처럼 "최고의 명확성과 지식의 훈련을 받아야 하며, 민족과 국가에 대한 공적인 지식을 요구하고, 규정하면서 학문의 본질을 형성해야 한다"(SddU 18). 이처럼 "학생"은 정치적 요구를 통해 "교사"에게 요구하고, 동시에 요구를 받는다. 다시 말해 교사는 이 요구를 담당해야 한다. 그것은 교사가 "학문의 본질에 대한 지식의 통일성과 넓은 도량"을 가지고 있을 때에만 이루어질 수 있다(SddU 18). 다시 말해 그것은 장래의 시원에서 학문을 철학으로서 이해하고, 동시에 정치화된 학생들의 요구에 응할 수 있을 때에만 이루어질 수 있다. 철학과 정치의 관계는 폭풍우 속에 있다. 왜냐하면 그 관계는 철학과 정치가 똑같이 상호적인 요구에 의해 비로소 그들의 본질적 성격이 증명된다는 의미에서 투쟁이기 때문이다. 1년 반이 지난 후에도 하이데거는 투쟁의 개념을 다음과 같이 해명하고 있다. 그들은 "서로 나뉘어 놓여" 있으며, 서로로부터 현실화될 수 있기 위해 대결 속에 있어야 한다.[8]

　　그럼에도 불구하고 철학과 정치의 대결은 대학이라는 장소에서 선생과 제자 사이에서 벌어지는 대결과는 완전히 다른 방식의 대결이다. 그 대결은 심지어 총장 취임연설에서도 단지 어렴풋하게 등장하고 있기 때문에 대결에 대한 희미한 몇 가지 암시를 해석하려고 시도할 때에만 우리는 연설에 담긴 그것에 대한 사유를 이해하고 판단할 수 있다. 하이데거는 처음에 다음과 같은 맥락에서 그 대결에 대해 말하고 있다. "학문과 독일의 운명은 특히 그 본질적 의지에 있어서 힘을 추구해야 한다. 그리고 그것은 **첫째**, 우리—교사와 학생—가 학문을 가

8] M. Heidegger, *Hölderlins Hymnen "Germanien" und "Der Rhein"*, hrsg. von S. Ziegler, Frankfurt a. M. 1980, 125 이하. M. Heidegger, *Einführung in die Metaphysik*, hrsg. von P. Jaeger, Frankfurt a. M. 1983, 66, 122 이하.

장 절실하게 필요한 것으로 제시하고, **둘째,** 우리가 극단적인 절박함 속에 있는 독일의 운명에 직면해 있을 때에만 이루어질 수 있다"(SddU 10). "봉기의 찬란함과 위대함"이라는 정식화와 연관시켜 볼 때 "극단적인 절박함 속에 있는 독일의 운명"에 대한 언급은 어쩐지 이상하게 들린다. 이것은 이러한 열정적인 정식화 속에는 여전히 무엇인가 억제된 것이 있다는 것을 의미한다. 왜냐하면 그 봉기가 시원이 아니기 때문이다.

　　"극단적인 절박함"이 의미하는 것은 취임연설의 다른 부분과 연결될 때에야 비로소 해명될 수 있다. 하이데거는 우리가 "멀리서부터 장악해 오는 시원의 사건"에 순응할 때, "학문은 우리의 정신적 현존재의 근본사건"이 되어야 한다는 구절에 이어서 다음과 같이 말한다.

　　가장 고유한 우리의 현존재 자체가 위대한 변화 앞에 서 있다면, 그리고 열렬히 신을 찾은 마지막 독일의 철학자 프리드리히 니체가 "신은 죽었다"라고 한 말이 진실이라면—존재자 한가운데 현대인의 내버려져 있음을 우리가 진지하게 받아들인다면—학문은 어떻게 되는가? 완전히 적나라하게 노출된 존재자 앞에서 최초에 놀라며 참고 견디던 그리스 사람들의 태도가 은닉된 것, 불확실한 것, 다시 말해 의문스러운 것으로 변화된다. 그렇다면 물음은 더 이상 앎으로서 대답하기 위해 극복해야 할 전단계가 아니라, 그 자체가 앎의 최고 형태가 된다. 나아가 물음은 모든 사물의 본질을 해명하기 위한 가장 고유한 힘을 전개한다. 그리고 그 물음은 필수불

가결한 것에 대한 시각을 극단적으로 단순화시킨다(SddU 13).

　　"극단적인 절박함"이란 신의 죽음 이후 인간이 내버려져 있다는 것을 말한다. 이 극단적인 절박함은 그리스에 있었던 시원과는 다른 시원으로 현대인을 이끌어 간다. 이 시원은 이미 수행된 첫 번째 시원과 거리를 두지 않고서는 생각할 수 없는 그런 것이다. 궁극적으로 이 시원은 "우리 앞에" 있는 그리스의 시원이 아니다. 오히려 수행된 첫 번째 시원과 장래의 다른 시원이 거대한 시간공간을 펼쳐놓았다고 할 수 있다. 이 시간공간과 함께 존재가 시간의 지평에서 기투된다. 그러나 이 시간공간의 중심은 현재여야 할 것이다—사람들이 현재의 봉기를 명확히 할 때 비로소 두 시원들은 "서로 나뉘어 놓이게" 된다. 장래의 시원은 기재하는 시원에서만 규정될 수 있고, 첫 번째 시원의 기재는 다른 시원을 요구한다. 아직도 현재는 애매하고 극복되지 않은 상태에 있다.

　　"독일의 운명"은 "그의 국가에서 자기 자신을 알아가는 민족"의 운명이다(SddU 10). 이 민족이 "현대인의 내버려져 있음"에 대해 아무 것도 알지 못하고 있다는 것은 그만큼 그의 운명에 멀리 떨어져 있지 않다는 것을 의미한다. 이 앎이 속해 있는 운명에 "맞설" 것을 하이데거가 여전히 요구하고 있다는 것은 이 앎이 그 운명과 멀리 떨어져 있지 않기 때문이다. 현대인의 내버려져 있음을 "우리가 진지하게 받아들인다면" 어떤 일

이 일어날 수 있는가에 대해 하이데거가 묻는 것은 그 내버려
져 있음을 진지하게 받아들이고 있지 않을 경우에만 의미를 가
진다. 이러한 본래적인 문제를 봉기의 찬란함과 위대함은 은폐
하고 있지만 철학은 바로 그것을 폭로한다. 봉기의 찬란함과
위대함은 비본래성으로 변할 위험 속에 있다.

하이데거가 사실상 이렇게 사유했다는 것을 사람들은
1933년 3월 30일에 엘리자베스 블로흐만에 보낸 편지에서 확
인할 수 있다. "아주 조용한 것 같지만 새로운 것들이 도처에서
분출하며, 그것을 받아들이려고 성급하게 휩쓸리고 있는" 현재
의 상황을 기술하면서 그것에 다음과 같이 해명한다.

> 사람들은 그것이 단지 1차 혁명을 위한 **하나의** 길일 수 있다
> 는 것은 생각하지도 않고 전면에 나타난 것에만 집착하여 지금 갑
> 자기 모든 것을 하나하나 '정치적으로' 받아들이고 있다. 물론, 그
> 것은—우리가 심층적인 2차 각성을 위한 준비를 염두에 두고 있다
> 고 할 때—다수에게 1차 각성을 위한 하나의 길이 될 수도 있고,
> 되었을 수도 있다. '마르크스주의'와 '가톨릭 중심주의'와의 대결이
> 공산주의적 세계의 저항정신과의 대결, 소멸해 가는 그리스도교
> 정신과의 대결로 성숙되지 않는다면 그 대결은 본래적인 의미를
> 상실하고 말 것이다. 그럴 경우 모든 것은 완전히 우연적인 것으로
> 끝나버리고, 우리는—자연스럽게 그에 따른 변화에 의해—1871년
> 부터 1900년이라고 못 박은 그런 시대로 되돌아갈 위험을 겪게 된
> 다. 우리는 물론 그것에 대한 공포로 인해 현재의 사건이 가진 힘

을 축소해서도 안 되며, 그 사건을 우리 민족이 이미—우리가 믿고 있는—감추어져 있던 그의 의무를 파악했고, 새로운 진행을 위해 마지막으로 발휘해야 할 힘을 발견했다는 보장으로 받아들여서도 안 된다(HBBr 60).

이 글은 하이데거가 1933년에 어떻게 사유했는지를 명백하게 말해주고 있다. 그의 상황판단을 어떻게 해석해야 할 것인가에 대해서는 여전히 논의의 여지가 있을 수는 있다. 인용된 편지의 구절은 바로 그것을 정리할 수 있는 기회를 주고 있다.

하이데거는 정치적인 것의 독단성이 가져다 줄 위험을 알고 있었다. 정치적 혁명은 "각성"을 위한 동기일 뿐이다. 거기에서 무엇보다 중요한 것은 두 시원에 의해 펼쳐진 시간공간에서 자신을 이해하는 일이다.[9] 나아가 그 이상의 것이 요구된다. 현재적인 것이 "단지 1차 혁명을 위한 하나의 길일 수 있다"

---

9) **역주_** 피갈은 이 편지에 언급된 1차 혁명 또는 1차 각성과 2차 각성을 앞서 다룬 두 시원과 연결시켜 설명하려고 한다. 현재의 사건, 즉 국가사회주의의 혁명은 이 두 시원 사이의 중간적 사건으로 이해되고 있으며, 미래적 시원과의 연관에서 그 의미를 가져야 한다. 그렇지 않을 경우 그 혁명은 비본래적인 것으로 전락할 수 있다. 이러한 위험을 시원적 사유의 철학만이 통찰할 수 있다. 그런 점에서 철학은 정치의 우위에 있다고 할 수 있다. 이러한 설명을 통해 피갈은 하이데거가 시원이 부재하는 봉기[국가사회주의 혁명]의 찬란함과 위대함이 가진 위험성을 지적하고 있다고 여긴다.

고 하이데거가 말하는 것을 보면, 그가 이 길에 대해 어떤 이데올로기적인 의무감도 느끼고 있지 않다는 것을 명백히 알 수 있다. 그러므로 하이데거가 국가사회주의를 철학적으로 높이 평가하고 있다고 해서는 안 될 것이다. 기껏해야 그는 봉기, 즉 국가사회주의의 혁명적인 동기에 철학적 해석을 부분적으로 제공하고 있을 뿐이다. 그런 점에서 그는 "1차 혁명"을 위한 다른 길들에 대한 여지도 분명히 허용하고 있다. 적어도 하이데거는 1차 혁명의 길에 대해 역사적으로 규정된 형태와는 확실히 거리를 유지하고 있다.

다른 한편으로 사람들은 이 인용된 문구에서 국가사회주의에 대한 정치적 평가를 그가 근본적으로 어떻게 하고 있는지를 추측할 수 있다. 하이데거는 "1871년부터 1900년이라고 못 박은 그런 시대로 되돌아갈" 위험을 의식하고 있다. 다시 말해 그는 그가 당면한 현재에 대해 비스마르크 제국과 빌헬름의 국가창건 시기로 복귀되는—오늘날 생각하면 그것이 잘못된 길이라고 할 수 없을 것이다—위험을 예고하고 있다. 이러한 하이데거의 두려움은 일종의 혁명가들이 가지는 두려움이다. 이 편지는 한층 더 명확하게 하이데거의 관심사가 "심층적인 2차" 혁명임을 보여주고 있다. 국가사회주의의 정치적 현실에 대하여 하이데거는 그것의 모든 외적인 면을 무시하거나 아니면 그러한 정치적 현실을 떨쳐버리려고 한다. 철학과 정치의 관계에 대해 숙고하면서 그는 이런 태도를 총장 취임연설의 수사적 표현에서 은연중에 보여주고 있다. 결국 그의 숙고는 나치주의자들이 정말로 철학적 요구에서 생겨난 것인지에 대해 의문을 품게 만드는 것이기도 하다.

결코 하이데거는 철학을 정치의 제물로 삼지 않았다. 그는 철학을 정치에 종속시키지도, 철학을 정치의 시녀로 전락시키지도 않았다. 그는 정치적인 것의 가능성에 대해 회의적이었다. 그러나 그 회의가 봉기의 현혹을 극복하지는 못했다. 총장 취임연설에는 회의와 현혹의 두 측면을 가진 애매한 태도를 보여주고 있다. 바로 그러한 태도를 칼 야스퍼스는 간파하였고, 그것에 대해 정식으로 응답하였다. 1933년 8월 23일에 그는 하이데거에게 다음과 같은 편지를 썼다.

> 총장 취임 연설문을 보내주신 것에 대해 감사합니다. 그것을 신문에서 읽고 난 후 지금 다시 원문으로 읽을 수 있게 되어 기쁩니다. 초기 그리스 정신에서 아주 독특하게 출발하는 당신의 단초를 통해 나는 다시금 새롭고도 자명한 진리에 접하게 되었습니다. 그 점에서 당신은 니체와 일치하기도 하고, 또한 차이가 나기도 합니다. 사람들은 당신이 말한 것을 당신이 한번 철학적으로 해석하여 실현해 주기를 기대할 것입니다. 그렇게 할 때 당신의 연설은 믿을 만한 실체적 내용을 가집니다. 나는 그 양식과 짜임새에 있어서 이 연설문이 지금까지 없었으며, 앞으로도 남게 될 현재의 학술적 의지가 담긴 유일한 무서가 될 것이라고 말하지는 않겠습니다. 연초 우리의 대화 이후에 강하게 가졌던 당신의 철학함에 대한 나의 신

뢰가 이 연설문의 성격으로 삭감되지는 않을 것입니다. 거기에서 나
는 약간 강압적인 느낌을 받았고, 나에게 공허한 소리처럼 들리는
문장들이 있었지만 연설문의 성격은 시류에 맞는 것으로 보입니다.
무엇보다도 나는 누군가가 그렇게 말할 수 있고, 누군가 진정한 한
계와 근원에 접하고 있다는 사실이 기쁠 뿐입니다(HJBr 155).

    철학적—정치적 상황규정에 대해 하이데거가 취한 애매
한 태도는 앞에서 제시한 것처럼 그가 정치적 봉기를 다른 시
원으로 향하게 할 수 있는 최초의 발걸음으로 이해했다는 데
놓여 있다. 이러한 판단은 수정될 필요가 있다. 왜냐하면 그 봉
기가 다른 시원의 의미에 속한 것이 아니었다는 사실은 증명될
수 있기 때문이다. 그러나 이에 버금가는 과오를 사전에 막으
려면 그것만으로는 불충분하다. 그것을 위해 사람들은 그 봉기
가 다른 시원의 의미에서 이해될 수 있는지 또는 없는지에 대
해 묻는 모든 의심조차 처음부터 불가능하다는 것을 확실히 해
두어 할 필요가 있다.
    다음에 우리는 하이데거가 그의 정치적 실패를 확실하
게 인정하고, 존재기투에 대한 그의 구상을 정확히 그러한 관
점에서 수정하려고 했다는 것을 보여줄 것이다. 무엇보다도 총
장 재임기간 동안 대학 개혁을 위해 쏟았던 노력의 실패는 그
로 하여금 아마도 1933년의 봉기가 사슬에 묶여 있는 동굴 안
의 죄수들을 자유로운 곳으로 이끌어 올리는 해방이 아니었음

을 납득시켜 주었다. 당면한 정치적 현재와의 간격, 그와 함께 그 현재에 대한 다른 진단은 1936년에 아주 뚜렷하게 나타나며, 이미 1934년에서도 감지된다. 그렇지만 이러한 하이데거의 애매한 태도를 수정하게 한 동기는 정치적 경험의 영역에 있는 것이라고 할지라도 그 수정의 결과는 본질적으로 철학적인 것으로 나타난다.

한번 더 총장 취임연설의 중심적인 사유를 고찰해 본다면 그 수정이 어디에서부터 착수되어야 할지를 사람들은 분명하게 알 수 있다. 연설 속의 사유과정은 봉기와 시원이 일치할 수 있다는 가정에 근거를 두고 있으며, 그것에 부합하는 것이다. 그 가정은 하이데거에게 동시에 시원이기도 했던 그리스의 봉기에 의해 뚜렷이 증명된 것이었다. 그러나 그리스의 봉기와 시원은 장래의 것을 위한 예시일 뿐이다. 이때 장래의 것은 다가오는 것이 아니라, 하이데거가 그의 연설을 통해 이끌어내려고 했던 부과된 과제의 의미를 가진다. 이 부과된 과제는 그것을 위한 가능성이 제공되는 곳에서 다시금 파악될 수 있고 파악되어야 한다. 부과된 과제는 자신의 힘으로부터 정복될 수 있고 정복되어야 한다.

이러한 관점에서 보면, 이미 하이데거는 그의 연설에서 이중적인 말을 하고 있다고 볼 수 있다. 한편으로 그는 신의 죽음에 대한 니체의 말을 진지하게 받아들이라는 요구를 해명하면서 이미 아리스토텔레스–기획초안에서 발견될 수 있었던 사유를 수용하고 있다. 우리는 그 기획초안에서 철학 자체는 신에 대한 "저항"이라고 한 말을 기억하고 있다. 이 "저항"을 하이데거는 그동안 수행해 온 것으로 여긴다. 그런 점에서 그 저항을 "진지해야 받아들이는 것"도 이전부터 해온 것이다. 다른 한편으로 하이데거는 전적으로 기획초안의 사유를 유지하면서도 니체를 열렬히 신을 찾은 철학자라고 부른다. 앞의 것은 그가 이미 연설의 제목에서 언급된 철학의 이해를 따르는 것이라고 할 수 있다. 즉, 철학은 자기 주장이다. 나아가 그것은 대학의 제도적인 틀에서의 자기 주장이 아니라 신의 죽음 이후에 오는 현존재의 자기 주장이다. 독일의 대학은 단지 그것을 위한 장소일 뿐이다. 뒤의 것은 그러한 한계 내에서 현대인이 시원의 장악에 "순응"해야 한다는 진술과 연관되어 있다. 이때 자기-순응은 자기 주장과 조화되기 어려운 것처럼 보인다. 두 시원은 기이한 방식으로 대비되고 있다. 첫 번째 시원은 인수되어야 하며, 다른 시원은 자기 주장에서 성립된다. 그러나 자기 주장에 대한 사유가 하이데거로 하여금 정치적 봉기에 동의하는 해석을 가능하게 한다. 봉기는 마땅히 성취해야 할 시원을 위한 봉기이다.

이러한 사유는 전적으로 존재기투의 구상에서 나온 것이다. 그러나 현재의 불명료성은 하이데거에게 시간적으로 다르게 사유하도록 강요한다. 기재하는 첫 번째 시원과 다가오는 새로운 시원에 대한 암시는 시간성의 한가운데 자리 잡은 현재에 그 장소를 가지고 있다. 정치적인 상황의 불명료성은 하이데거를 『존재와 시간』의 시간구상으로 다시금 되돌아가게 만든다. 그러나 이 구상은 존재기투의 구상에 의해 약화된다. 즉, 기재와 장래는 두 시원에 의해 규정되기 때문이다. 두 시원의 "대결"이 현재가 명료해지는 시간공간을 개방한다면, 반대로 현재의 명료성은 이 시간공간의 개방성에 의존하고 있다. 그러나 시간공간은 다른 시원이 다가오며 다가올 것으로 있는 한에서만 열려 있다. 새로운 시원의 자기 주장과 두 시원 사이에 있는 시간공간의 개방성은 합치하지 않는다. 그러므로 시간공간이 개방된 곳에는 봉기와 시원도 일치할 수 없다. 하나의 봉기, 즉 하나의 존재기투가 더 이상 두 시원을 "서로 나뉘어 놓여" 있도록 할 수는 없다. 그리스의 봉기는 시원이 아니었고, 현재적인 것도 시원이 아니다. 시원은 봉기에 의해서 "다시 되찾게" 되는 것이 아니다(SddU 13). 시원은 자기 주장을 통해 장악할 수 없는 것이다.

총장 취임연설에 숨겨진 애매한 태도는 다음에서도 나타나고 있다. 하이데거는 철학적 앎에 대하여 말하기를, 그 앎은 "존재자의 은폐성을 현실적으로 거부하기 위해 전체적인 힘을 가지고 맞서는 최고의 용기를 전개해야" 한다고 말한다(SddU 11). 그는 잠시 후에 신의 죽음이 진지하게 받아들여지고 있다고 말한 부분에서 "완전히 적나라하게 노출된 존재자 앞에서 최초에 놀라며 참고 견디던 그리스 사람들의 태도가 은닉된 것, 불확실한 것, 다시 말해 의문스러운 것으로" 변화된다는 말을 덧붙인다(SddU 13). 그리고 그는 결론적으로 자신의 본질을 추구하는 학문에게 요구한다. 학문은 "세계의 지속적인 불확실성의 위험이 가장 첨예하게 드러나는 전면에 나서야" 한다(SddU 14). 그러나 이 말은 학문, 즉 철학이 새로운 세계의 건립에 대해 자신을 방어해야 한다는 것을 의미한다. 학문, 즉 철학은 현재에 결정되어 있지 않고 극복되지 않은 것을 명료하게 하라는 요구와 함께 등장하는 모든 봉기를 거부해야 한다. 학문, 즉 철학은 정치적 봉기에 의존해서는 안 된다. 결국 하이데거가 이끌어내려는 결론은 철학과 정치의 동등한 비중은 폭풍우를 견디지 못한다는 것이다.

5

장악할 수 없는 시원

하이데거의 휠덜린 : 신들, 신, 척박한 시대

1934년 4월 12일에 한 장의 편지와 함께 하이데거
는 현직 장관에게 프라이부르크 대학 총장의 사직서를 제출하
였다.[1] 하이데거의 사직 이유를 사람들은 흔히 있는 대학 내부
의 분파적 다툼에 있다고 여기기도 한다. 그러나 하이데거에
대해 그다지 동정적이지 않은 연구자 중의 한 사람인 휴고 오트
(Hugo Ott)는 사직 이유가 그의 철학적–정치적인 계획의 실패

---

[1] H. Ott, *Martin Heidegger, Unterwegs zu seiner Biographie*, 위의 책, 236.

에 있다고 확신한다.[2] 하이데거 자신의 증언에 따르면, 1935년에 그는 철학을 위한 작업으로 완전히 복귀한 것으로 되어 있다. 1935년 7월 1일에 칼 야스퍼스에게 보낸 편지에서 그는 "1932/23년 겨울(연구학기)에 중단했던 작업을 몇 달 전부터 재개하였다"고 쓰고 있다(HJBr 157, Nr. 120). 그 작업은 하이데거가 1935년 여름학기에 강의했던 『형이상학 입문』(GA 40)을 가리키는 것이다. 이 강의와 함께 그는 사실상 자신의 물음을 해명하기 위한 새로운 도약을 기획한다.

편지에서 그는 1934/35년 겨울학기 강의 『휠덜린의 송가, '게르마니엔'과 '라인강'』(GA 39)에 대한 언급을 하지 않고 그대로 건너뛰고 있다. 이것은 그 강의가 그가 만족할 수 있을 만큼 철학적 해명을 하지 못하고 있다는 것을 시사하는 것이다. 1934년 12월 21일에 엘리자베스 블로흐만에게 보낸 편지에 썼던 것처럼 그는 처음에는 1935년 여름 학기에 휠덜린–강의를 계속하려고 계획했었다(HBBr 84). 그러나 그는 강의를 계속할 수 있을 만큼 다루려는 주제를 충분히 완결짓지 못했다. 적어도 언급된 편지에는 다음과 같이 적혀 있다. "나는 [휠덜린에 관한] 출판을 계획하고 있지 않습니다. 그렇게 하기에 나는 아직 시에 대해 상당히 미숙합니다"(HBBr 84). 처음으로 1936

2] 같은 책, 239 이하.

년에 하이데거는 같은 해 4월 2일에 로마에서 진행할 강연 『횔
덜린과 시의 본질』을 위하여 횔덜린-강의와 연관된 몇 개의
초안들을 통합하였다.

　　그럼에도 불구하고 횔덜린-강의는 하이데거 사유의 발
전에서 특별한 위상을 차지한다. 철학적-정치적 계획의 실패
는 하이데거로 하여금 예술에 대한 작업에 집중하게 하였고,
다시금 그것은 횔덜린의 시에 대한 연구에 불을 붙였다. 하이데
거 자신의 관점에서 볼 때 최초의 횔덜린-강의들—1941년과
1942년에 진행한 두 강의—은 초기에 불완전하게 방향모색을
했던 것들이었다. 그러나 여기에는 새로운 것이 처음으로 생성
되는 과정이 드러나고 있다. 그 때문에 이후 독자들에게 이 최
초의 횔덜린-강의는 새로운 방향을 잡으려는 하이데거의 시
도가 가장 잘 드러나는 문헌으로서 알려져 있다. 거기에는 결
정적으로 중요한 동기들이 아주 뚜렷하게 드러나고 있다. 이를
통해 사람들은 하이데거가 보다 폭넓게 추구하려는 방향들을
앞서 인식할 수 있다. 최초의 횔덜린-강의에는 1930년대 후반
기에 제시되는 철학의 윤곽들, 즉 현재에 대한 근본적인 비판
을 담은 철학이 이미 등장하고 있다.

　　나아가 이 강의는 그 이상의 의미를 가진다. 이때부터
하이데거의 근본사유와 사유동기들의 지형은 본질적으로 더
이상 바뀌지 않는다. 하이데거는 최초의 횔덜린-강의의 주요
동기들을 보다 더 근본적으로 완성하고, 그것을 변양시켜 나갔

을 뿐이며, 그와 함께 그의 철학함의 몸짓도 함께 변화되었다. 가끔 강압적이고 의미심장한 그의 언어는 나이가 들면서 점차적으로 개념적인 확정을 피하는 소극적인 형태를 띠게 된다. 후기에 속하는 하이데거의 문헌들을 여기 1934년부터 1938년 사이에 작업했던 그의 강의들과 저작들과 연결시켜 읽으려고 한다면 후자의 것들을 사상적으로 추적하거나 또는 재구성하는 것이 힘들 것이다. 하이데거가 취한 사유의 지형이 이 시기 이후에 더 이상 본질적으로 바뀌지 않았다고 한다면, 오히려 후기 작품들이 바로 이 시기에 속하는 문헌들과의 관련에서 해명될 수 있다.

앞서 인용한 야스퍼스에게 보낸 하이데거의 편지에는 재개된 철학적 작업의 연속성에 대한 만족감보다는 오히려 우울함이 묻어나고 있다. 하이데거의 말처럼 그가 할 수 있는 것은 "암중모색"이고, "미숙한 말더듬기"였다. 거기에다 그는 다음과 같은 것을 덧붙이고 있다. "그 밖에도 충분히 현실적으로 극복되어야 할 것에는 두 개의 가시―유래(Herkunft)에 대한 믿음과의 대결, 그리고 총장직의 실패―가 있다"(HJBr 157). "살속의 가시"라는 메타포는 바울의 고린도 후서에 나온다. 거기에서 그것은 교만함을 억제하고, 하나님의 은총을 나타내는 "사탄의 사자"를 나타낸다(고린도 후서 12장 7절). 하이데거는 두 개의 가시에 대해 말하고 있다. 그것은 그의 삶의 두 계기를 나타내는 것이다. 좀 더 정확하게 고찰해 본다면 여기에서 언급한 두 계기는 서로 연결되어 있다. 총장직은 "실패로 돌아갔다." 좀 더 정확하게 말한다면, "총장직"이라는 암호에 담긴 철학적—정치적 계획에서 그는 실패한 것이다. 이것은 "유래에 대한 믿음과의 대결"을 위한 시도가 마지막이 아니었음을 의미한다. 신의 죽음을 "진지하게 받아들이는 것", 그리고 "현대인의 내버려져 있음"에 대한 경험을 "세계의 지속적인 불확실성"을 위한 정치적 봉기로 옮겨보려고 했던 것이 실패로 돌아갔다. 그리고 정치적 봉기에서 "소멸해 가는 그리스도교 정신과의 대결"을 시작해 보려는 시도도 정당화될 수 없었다(HBBR 60). 그와 함께 오래된 세계의 저편에 있는 새로운 시원으로의 길은 폐쇄되었다. 그에 따라 이 오래된 세계에 속해 있는 "유래에 대한 믿음"으로의 회귀도 당연히 폐쇄되었다. 이 믿음을 통해 해명된 요구는 간단하게 끝나지 않고 자기 주장이라는 난감한 상황으로 몰락할 수밖에 없었다.

        횔덜린을 통한 하이데거의 새로운 방향잡기는 정확하게 이 상황과 마주치고 있다. 여기에서 새로운 시도는 복구된 역사의 본래성에 대한 관점에서 이루어진다. 1936년에 발표한 그의 강연에서 압축적으로 하이데거가 말하고 있듯이 횔덜린은 "떠나버린 신들과 다가오는 신"의 시인이다(GA 4, 47). 그와 동시에 횔덜린은 신이 없는 "척박한" 시대의 시인이다. 횔덜린은 사이시간(Zwischenzeit)으로서 현재의 시인이다. 사이시간은 신들의 도주와 유보된 "신"의 다가옴 사이에 있는 시간이다. 횔딜린의 시짓기는 이때부터 하이데거에게 바야흐로 무엇이 이루어지고 있는지를 말해준다.

이때 하이데거가 무방비 상태로 주저 없이 "신들"과 "신"에 대해 말하고 있다는 사실은 성급하다는 인상을 다시금 불러일으킨다. 거기에서 사람들은 유감스럽게도 "신화학자"로 몰락한 예리한 개념의 현존재 분석론자를 보려고 한다. 이에 대해 사람들은, 하이데거 자신이 말하고 있듯이, 그가 철학적 사유를 전개하는 대신에 단지 시를 해석하는 방식으로 신을 말하고 있다고 이의를 제기할 수 있을 것이다. 그러나 이것으로 끝나서는 안 된다. 1930년대에 작업한 하이데거 주저 『철학에의 기여』는 "마지막 신"이라는 제목을 가진 장으로 끝을 맺고 있으며, 그의 후기 문헌에서도 끊임없이 "신"과 "신적인 것"에 대한 언급이 나오고 있기 때문이다.[3] "신"과 "신들", 또는 "신적인 것"에 대한 언급은 분명히 철학적으로도 진지하게 여겨지고 있다. 그러나 그것이 무엇을 의미하는지는 그 근본개요에 있어서 하이데거의 횔덜린-해석에 천착할 때에만 명백하게 드러날 수 있다.

총장 취임연설에 대한 야스퍼스의 비판이 그의 귓가에 맴돌고 있기나 했던 것처럼 하이데거는 그의 횔덜린-강의를

---

[3] M. Heidegger, "Das Ding" (1950), in : *Vorträge und Aufsätze*, Pfullingen 1954, 170 이하 참조.

시작하자마자 이 강의에서 무엇을 기대할 수 있고 기대할 수 없는지를 밝힌다. "익숙하게 통용되는 일용품을 제공하듯이 이 강의가 추천되어서는 안 됩니다. 그렇게 될 경우 변질된 생각이 생길 수 있고, 횔덜린을 시류에 부합하는 값싼 것으로 만들어 버리게 됩니다. 우리는 횔덜린을 우리의 시대에 맞추려고 하는 것이 아니라 오히려 그 반대입니다. 우리는 우리 자신과 다가오는 사람들을 이 시인의 척도 아래 옮겨놓으려고 합니다"(GA 39, 4). 조금 뒤에서 해명되고 있듯이 이것은 "우리 현존재가 시의 힘을 싣고 가는 삶의 운반자"가 되는 것을 의미한다 (GA 39, 19).

하이데거는 여기에서 엄격한 양자택일을 제시하고 있다. 다시 말해 시짓기는 "시류에 부합"하는 것이거나, 아니면 사람들이 자신을 시의 척도 아래 옮겨놓는 것이다. "일용품"으로 생각하거나, 아니면 사람들이 현존재에서 시의 힘을 싣고 가는 삶의 운반자가 되는 것이다. 후자는 시짓기를 그 특수성에 있어서 일용품으로 여기는 해석의 시도에 대립할 때에만 가능한 것이다. 나아가 후자는 자신의 시대가 시짓기 없이는 결코 해명될 수 없을 때에만 주어진다.

그러나 하이데거는 다음의 사실을 분명하게 밝히고 있다. "우리 자신의 역사적 시대를 우리는 알지 못한다. 우리 민족의 세계시간(Weltstunde)은 우리에게 은폐되어 있다. 우리가 우리의 존재, 즉 본래 시간적인 존재를 묻는다면 우리는 우리

가 누구인지 알지 못한다"(GA 39, 50). 우리의 "본래적인 역사
적 시간"을 우리가 알지 못하는 것은 이 시간에 본질적으로 장
래가 속하고, 그와 동시에 기재가 규정되어 있기 때문이다. 우
리가 그 시대를 알지 못하는 것은 그 시간이 하나의 존재기투
에서만 인식될 수 있고, 자기 자신을 주장하는 하나의 주권적
인 존재기투가 불가능하기 때문이다. 그러므로 사람들은 "반
시대적" 시짓기를 통해 존재기투를 앞서 제시할 수밖에 없다.

하이데거에게 시짓기가 존재기투로서 이해될 수 있다
는 것을 사람들은 그의 플라톤-강의로부터 알게 되었다. 그렇
지만 그때부터 시짓기의 위상도 존재기투의 구상과 마찬가지
로 변해왔다. 시짓기는 더 이상 무규정적인 것의 연관에서 존재
자를 고유하게 언어화함으로써 "존재자를 보다 더 존재하는
것"으로 만들지 않는다. 이때부터 시짓기는 시간을 지평으로
하는 존재의 고유한 기투이다. 이러한 성격들 모두가 연관된
횔덜린의 시짓기는 "민족들의 근원적인 시간이라는 의미에서
시간의 결단"이다(GA 39, 51). 그러나 "시간의 결단"(Zeitentschei-
dung) 또는 존재기투로서 횔덜린의 시짓기는 새로운 세계기투
가 아니다. 그의 시짓기는 현재를 있는 바 그대로 기재와 장래
로 개방한다는 점에서 "시간의 결단"(Zeitentscheidung) 또는 존
재기투이다.

그것은 다시금 횔덜린의 시짓기가 신들의 도주와 유보
된 신의 다가옴을 언어화함으로써 일어난다. 신들의 도주는 기

재를 가리키고, 유보된 신의 다가옴은 장래를 가리킨다. 우선
적으로 사람들은 이것이―신들과 신은 기재와 장래의 기호라
는 것을―하이데거에게서 결정적으로 중요한 것임을 인정해
야 한다.

　　　그럼에도 불구하고 왜 신들과 다가오는 신의 기호 속에
서 기재와 장래가 언어화되어야 하는지는 여전히 해명되어야
할 필요가 있다. 그 이유를 밝히기 위해서는 자기 주장의 성격
에서 제기되는 문제를 살펴보아야 한다. 신들이 기재해 왔다는
것은 역사적으로 규정할 수 있는 시대에 그 신들이 한때 있었
다는 것을 의미하는 것이 아니다. 오히려 그것은 신들에 대해
언급해 본 적이 없는 사람들이라고 할지라도, 그들이 자신을
아직 한 번도 무신론자로 생각해 본 적이 없는 그런 상황을 의
미한다. 신들에 대한 언급은, 비록 사람들이 더 이상 신들을 믿
지 않는다고 할지라도, 자기 이해의 통합적인 계기를 형성한
다. 인간이 자기 주장을 함으로써 "신의 죽음"을 진지하게 받
아들이려고 할 때조차 이 자기 주장은 더 이상 자기가 순응하
려고 하지 않는 그 어떤 것에 속박됨을 통해 이미 자신의 근거
를 상실하게 된다. "신"의 다가옴이 장래에 유보되어 있다는
것은 이 다가옴을 어떤 방식으로든 계산할 수 있거나 또는 그
것을 믿을 수 있다는 것을 의미하지 않는다. 하이데거가 "다가
오는 신"을 말할 때, 그의 언급은 선포의 지위를 가지는 것이 아
니다. "다가오는 신"은 익명적이며, 그 신은 계시의 신도 아니

다. 그 신은 그렇게 할 수도 없다. 왜냐하면 모든 계시는 기재하
는 것에 속하기 때문이다. 횔덜린—하이데거—이 볼 때, 기재
하는 신들에는 그리스도교의 신도 속해 있다. 그러므로 장래에
유보된 신의 다가옴에는 언약을 받은 자의 기대에 따른 것이
아니다. "다가오는 신"에 대한 언급은 현재의 측면을 제시해야
한다. 장래를 "유보"(Vorbehalt)하지 않는다면 현재는 사유될 수
도, 본래적으로 경험될 수도 없다. 마찬가지로 또한 "기재하는
것"의 "거부" 없이는 현재는 사유될 수도, 본래적으로 경험될
수도 없다. 기재하는 것이 거절되고, 거부되지 않는다면, 현재
는 "이전 신들"에 종속될 수 있다. 이전에 실패했던 기획의 제
목을 다시 받아들인 후기의 강연, 즉 1962년에 발표한 『시간과
존재』에서 하이데거는 기재 자체를 "거부"로서, 그리고 장래
자체를 "유보"로서 규정한다(SD).

        그러나 거부와 유보가 횔덜린의 시짓기에서 언어화되면
서 그것들은 자기 주장과 신에 대한 경험의 문제와 연관된다.
신들이 거부된 것으로, 그리고 다가오는 신이 유보된 것으로 명
명됨으로써 시짓기는 자기 주장의 근거상실(Bodenlosigkeit)을 명
시적으로 드러낼 수 있게 된다. 이것이 가능한 것은 거부와 유
보가 다시금 시짓기의 특유한 언어형식에 상응하기 때문이다.
횔덜린이 신들과 다가오는 신에 대해 시를 지을 때 그는 개념
적으로 번역되고, 해석될 수 있는 어떤 표상을 불러일으키지 않
는다. 시짓기는 헤겔적 미학의 의미에서 말하는 예술종교가 아

니다. 철학적으로 해명될 수 있는 절대자는 시짓기에서 이미지
(Bild)로 파악되지 않는다. 오히려 시짓기의 이미지 언어(Bilder-
sprache)는 그 자체로서 이탈된 것(das Entzogene)을 직접 발언한다.[4]

그 때문에 하이데거는 그의 강의에서 다음과 같은 것을
지적하고 있다. 우리는 "우리의 시짓기에 고유한 이미지 연관
(Bildzusammenhang)에서 […] 최대한 보여주는 힘에 의하여 전망
(Ausschau)을 포착하려고 시도해서는 안 되며, 오히려 그 반대로
은폐하는 힘에서 그것을 획득하려고 시도"해야 한다(GA 39,
119). 우선 이것은 "이미지를 보여주는 것이 아니라 오히려 은
폐시켜야 하며, 친숙하게 할 것이 아니라 오히려 희귀한 것으
로 만들어야 하며, 가까이 가져올 것이 아니라, 오히려 먼 곳에
두어야 한다"는 것을 의미한다(GA 39, 116). 분명한 것은 철학
은 이렇게 할 수 없다는 것이다. 다시 말해 이해하기에 아주 어
려운 개념적 규정들은 결국에는 이해가능성의 요구에 종속된
다. 따라서 그 규정들은 이탈된 것을 현실적으로 적합하게 언
어화할 수 없다. 그리고 이탈된 것이 거부된 것과 유보된 것이
라고 한다면, 결국 이것은 철학이 시간에 대한 하나의 규정된
경험을 생겨나게 할 수 없다는 것을 의미한다. 하나의 규정된

---

[4] **역주_** 여기에서 "이탈된 것"은 뒤에서 해명되고 있듯이 현재를 기점으로
거부되고, 유보된 기재와 장래를 의미한다. 시간의 보편적 규정을 다루는
철학은 이러한 이탈된 시간을 다루기 쉽지 않고, 오히려 시짓기가 그것에
더 적합하다는 것을 피갈은 여기에서 강조한다.

시간으로 옮겨가는 것이 철학적으로는 불가능하다. 왜냐하면 철학은 항상 시간의 보편적 규정만을 제공할 수 있기 때문이다. 심지어 철학은 시간적으로, 또한 역사적으로 자신을 이해해야 하는 필연성조차 끊임없이 타당성을 통해 주장해야 한다. 그러나 그렇게 될 경우, 철학은 다만 하나의 시간경험으로 인도하거나, 또는 이와는 달리 시짓기에서 개방된 하나의 시간경험을 단지 지시할 수 있을 뿐이다. 시짓기는 하나의 규정된 시간으로 옮겨갈 수 있다. 왜냐하면 "시적인 언명의 목소리"(Stimme)는 "기분에 젖어"(gestimmt) 있으며, "시인은 기분(Stimmung)에서 말하기 때문이다." "그 기분은 근거와 토대를 기분에서-규정하고(be-stimmen), 공간을 두루 조율(durchstimmen)한다. 그 공간 위에, 그 공간 안에 시적인 언명은 존재를 건립한다"(GA 39, 79).

여기에서 하이데거는 시짓기를 느낌 또는 어떤 정황성에 대한 표현이라고 말하려는 것이 아니다. 기분을 말할 때 그는 오히려 낱말에 담긴 이중적 의미를 이용한다. 기분(Stimmung)은 "심정의 상황"(Gemütslage)은 물론 "소리의 높이"(Tonlage)를 의미한다. 시인의 "목소리"가 "기분에 젖어" 있어야 한다면 그것은 악기의 조율에서도 마찬가지로 생각될 수 있다. 다시 말해 음이 상응하여 진동할 수 있기 위해서는 팽팽히 당겨진 바이올린의 현들도 서로 명확한 관계 속에 있어야 한다. 이런 의미에서 하이데거는 "언명의 진동구조"에 대해서도 말한다(GA 39, 15). 그리고 이것과 함께 그는 이론의 여지가 없이 파악하기 힘든 것으로 여겨지는 시의 소리, 시적 언어의 운율, 시의 이미지, 그리고 그것들이 연속되며 이루어내는 조화를 생각한다. 예를 들어 육보격의 시(Hexameter)가 운율의 강약과 길이를 맞추지 않았다고 해서 시적인 언어를 들을 수 있는 귀를 가진 사람들은 그것에 대해 논쟁하지 않을 것이다. 그리고 그때마다 특유한 울림이 다르게 경험되고, 그 울림이 항상 다른 "기분"으로 옮겨진다고 해서 그것에 대해서 사람들은 논쟁하지 않을 것이다. 시는 그 이상의 것이다. 심지어 시는 단순히 규정된 표상을 불러일으키는 것이 아니라 태도들(Einstellung)을 언어화한다—시는 애도 또는 찬미, 격려 또는 기대이다. 시에서 해명된 태도가 그때마다 삶의 연관에 적게 연루되면 될수록 시는 더욱 더 시의 모습을 유지한다. 시는 마치 계속해서 새로운 연주를 허용하며, 심지어 요구까지 하는 태도의 악보(Einstel-lungpartitur)와 같은 것이다. 확실히 시는 하나의 태도 이상의 것을 언어화할 수 있으며, 그것은 흔히 있는 일이다. 그러나 이때 시에서 언어화된 태도들의 연합작용은 "진동의 구조"와 공속하고 있으며, 나아가 이 진동의 구조를 본질적인 것으로 만들어낸다.

이 태도들은 그 자체에 시간적 성격을 가지고 있다—그 시간적 성격은 애도와 기대에서 직접 확인할 수 있다. 그렇다고 한다면 시가 태도의 악보라는 점에서 시는 또한 시간경험의 악보라는 성격을 가진다. 시는 확실히 빈번하고도 아주 복잡하게 규정된 시간경험의 가능성을 해명한다. 그리고 시는 이 가능성을 하나의 태도의 악보처럼 해명한다. 그 때문에 시는 이 태도들이 무엇을 지향하고 있는지를 언어화해야 한다. 찬미와 애도는 항상 어떤 것 또는 어떤 사람과 연관되어 있다.

이것은 신들에 대한 횔덜린의 시어에도 그대로 적용된다. 그리고 거기에서 이 시어는 반복된 사유전형, 말의 전형과는 완전히 다르다. 오히려 이 시어는 궁극적으로 고유한 현재—역사적 시대의 맥락에 있는 현재—를 언어화할 수 있는 가능성으로 제시된다. 기재에 놓인 거부와 장래를 형성하는 유보가 신들과 신에 대한 명명을 통해 언어화됨으로써 시대에 상응하는 태도가 가능해진다. 심지어 이 태도는 신적인 것의 장악불가능성과 함께 장래와 기재의 장악불가능성을 고려한다. 시대가 신들과 신의 암호를 통해 언어화됨으로써 그 시대 자체는 규정된 방식으로 해명되고 경험될 수 있다.

그렇다면 하이데거에게 횔덜린의 시가 말하는 것은 무엇인가? 그것은 "성스럽게 애도하고 있지만 준비되어 있는 고통"이다(GA 39, 139). 그것은 "신성함"을 유지하면서도, "신적인 것을 고대하는 결연한 준비", 즉 기재하는 신들에 대한 포기를 의미한다. 하이데거에게 결정적으로 중요한 것은 바로 횔덜린의 시가 언어화하는 신들과의 거리는 "신적인 것"에 대한 고유한 경험이고, 바로 그 때문에 그 근본기분은 "성스럽게"(heilig) 명명될 수 있다는 것이다. 횔덜린의 시에 담긴 근본기분은 자기 주장의 태도를 근본적으로 배제한다. 이로써 하이데거는 총장 취임연설의 근본문제를 벗어날 수 있는 하나의 가능성을 발견하게 된다.

단지 그것만이 아니다. 하이데거는 교수자격논문과 아리스토텔레스–초안에서부터 이미 작업해 온 종교와의 관계를 적합하게 정식화할 수 있는 하나의 가능성도 발견한다. 그리고 그는 종교와 조화를 유지하면서도 종교적 경험의 직접성을 포기하는 데에도 성공한다. 이것이 30년대 후반 하이데거의 철학에서 얼마나 중심적인 역할을 하는지는 『철학에의 기여』에서 증명되고 있다. 이 책은 모든 내용이 "마지막 신"이라는 제목을 가진 장으로 결집되도록 기획되었다. 이 장의 2절에서 이것은 이미 다음과 같은 의미를 가진다.

우리는 신들의 도주와 도래(Ankunft)를 위한 결단의 시간–공간으로 옮겨간다. 그러나 어떻게 [옮겨갈 수 있는가]? 만약 이것[도주] 아니면 서것[도래]이 장래에 일어날 사건이라고 한다면, 이것 아니면 저것이 쌓여가는 기대를 결정해야 하는가? 그렇지 않다면 분명히 최초로 정초된, 하나의 존재진리(Wahrheit des Seyns), 즉 고유화를 위한 완전히 다른 시간–공간의 개방성으로의 결단일 수는 없는가? 만약 저 결단의 영역 전체가 신들의 도주 또는 신들의 도래라고 한다면 당장 그것의 종말 자체는 어떻게 되는가?[5] 그러한 종말을 넘어서서, 만약 존재가 처음부터 그의 진리에서 우리가 **거부**

라고 명명한 그것을 일으키는 고유화함(Ereignung)으로서 파악되면 어떻게 할 것인가? 이 고유화는 도주도 도래도 아니며, 그렇다고 해서 둘 중의 하나도 아니다. 오히려 이 고유화는 근원적인 것, 거부 속에서 존재를 충만하게 간직함이다. 그 안에는 장래에 있을 양식, 즉 존재진리에 자중하며 머무름(Verhaltenheit)의 근원이 기초해 있다(GA 65, 405).

사람들은 여기에 인용된 구절 모두를 하나하나 상세하게 이해하지는 못할지라도 결정적으로 중요한 사유가 무엇인지는 알 수 있다. 도주와 도래는 장래에 앞서있는 양자택일의 문제가 아니다. 오히려 도주 그 자체는 도래의 방식이다. 신들은 자신을 숨김으로써 "도착"하며, 그렇게 함으로써 "결단의 시간-공간"을 본래적인 것으로 만들어낸다. "도주 또는 도래"의 물음이 개방되어 있음을 통해 도주는 바로 일종의 도래가 될 수 있다. 도주가 그 자체로서 명시적으로 경험되고 유지된다면, 그때 도주는 일종의 도래인 것이다. 나아가 하이데거가 조금 뒤에서 상세하게 해명하고 있듯이, 기재는 장래로 침투한다(GA 65, 411). 기재를 유지하는 것은 장래에 변화를 일으킨다. 이때부터 현재를 위한 기재의 "거부"는 장래를 개방시킬 뿐만 아니

5] **역주_** 여기 밑줄 친 존재에 대해서는 아래 본문과 관련된 역주를 참조할 것.

라, 장래에 대해 구속력이 있는 양식과 방식이 된다. "결단의 영역 전체"는 그 자체로 "종말"이다. 장래에 신이 출현하는 것을 기대하는 것보다 오히려 신들의 상실로부터, 그리고 그 상실 속에서 지속하는 신적인 것의 장래성을 경험하는 것이 더 중요하다. 신들의 기재가 유지되는 거기에서 고유한 장래는 신적인 것을 유지하는 것 이외에 다른 것이 아니다. 이러한 유지함과 장래의 유보는 서로 상응하고 있다.

　　사람들은 왜 하이데거가 신들의 상실을 시간성에서 이끌어내려고 하는지를 알아야 한다. 여기에서 시간은 이중적 방식으로 등장한다. 한편으로 시간은 "시간–공간"이다. 다시 말해 『존재와 시간』에서처럼 시간은 현존재의 개방성을 형성하며, 나아가 이때 이 개방성은—신들과의 관계에 의해—규정된 것으로서 나타난다. 그것은 하나의 역사적 개방성이다. 이 개방성은 신들의 기재에, 신들의 도주의 현재적 유지에, 나아가 신적인 것의 장래적 유보에 있는 것이다. 다른 한편으로 시간은 이러한 시간–공간으로서 현존과 부재의 상호작용이다—기재하는 신들은 부재하는 것으로서 현존하며, 신들의 현존은 부재성 이외에 다른 것이 아니다. 하이데거는 여기에서 다시금 "현존"(Praesenz)에 대한 그의 중심적인 사유를 받아들이고 있다. 이 사유는 이미 『현상학의 근본문제들』–강의에서 존재시성에 대한 논의를 통해 정식화되었고, 시간에 관한 경험 일반에서 존재기투를 구상하던 배경에서도 이미 있었던 것이다. 그러나 처음으로 이 사유는 지금 현실적으로 결실을 맺고 있다.
현존성과 부재성을 포함하는 "현존"은 더 이상 현재의 지평으
로서 이해되는 것이 아니라, 시간 일반의 근본특징으로서 이해
된다. 그리고 시간 일반은 지금 플라톤-강의에서 보다 더 분
명하게 파악된다. 시간은 더 이상 시간의 결단을 가능하게 하
는 것만이 아니다. 가능하게 하는 이것이 어떻게 시간경험 자
체에서 작용하는가에 대한 것도 명백하게 드러난다. 이제 하이
데거는 시간이 현존과 부재의 상호작용으로서 "일어난다"(ge-
schehen)는 것을 말할 수 있게 된 것이다. 이 상호작용은 "고유
화"(Ereignis)이다. 이 고유화는 "존재"의 개방성 자체가 비-은
폐성, 즉 그 안에서 은폐가 작용하는 그런 개방성으로 있는 한,
"존재진리"이다. 스스로 "고유화하는" 존재를 하이데거는 이
때부터 자주 전통 존재론, 나아가『존재와 시간』의 기초존재론
에서의 "존재"(Sein)와 구별하기 위하여 'y'가 들어간 "존재"
(Seyn)를 사용한다.[6]

　　이것은 존재기투의 구상에서 강조점이 변화된 것과 일
치한다. 하이데거는 이러한 강조점의 변화를 횔덜린에 대한 그
의 작업에서도 앞서 수행한 적이 있었다. 존재기투는 더 이상

---

[6] **역주_** 여기에서 "존재"는 후기 하이데거의 존재사유의 근본특징을 담은
'y'로 쓰인 존재(Seyn)이다. 이 차이를 드러내기 위해 이 책에서는 밑줄을
친 존재로 표기하였다.

역사적인 봉기의 의미에서가 아니라, 현재의 것이 어떤 방식으로든 이미 그 안에 들어서 있는 시간의 침입이라는 의미에서 시 짓기이다. 현재는 이전 것들과의 단절이 수행되는 "새로운 시간"이 아니다. 오히려 시짓기를 통해 현재는 다르게 보일 수 있다. 현재는 장악 불가능한 기재와 장래의 연관에 속해 있다. 횔덜린이 수행한 "시간의 결단"을 통해 그 어떤 것도 현실적으로 변화된 것은 없다. 그 결단에서 일어난 봉기는 엄청난 파급효과를 불러일으켰던 것도 아니며, 그렇다고 해서 "시류에 부합하는" 것도 아니었다. 봉기는 새로운 시간이 아니라 시간을 새롭게 건립한다. 존재기투는 더 이상 부과된 과제가 아니다— 그것은 이미 일어나고 있는 것이다. 중요한 것은 오로지 존재기투에서 자신을 이해하는 것이다.

이를 통해 하이데거가 중시하는 철학의 과제도 변화된다. 시원에서 현실적인 봉기를 요구하는 것은 철학적으로 더 이상 중요한 것이 아니다. 그 요구는 자기 주장에서 문제가 되는 성격이 통찰됨으로써 불가능하게 되었다. 하이데거가 횔덜린–강의에서 이해한 것처럼 여전히 철학은 하나의 "드러나지 않는 암시"로만 존재해야 한다. "그 암시는 지시하려는 것이 확실하게 시각과 마음을 사로잡자마자 즉각 다시 사라지고 소멸되는 것이다. 우리가 그것을 위해 행하는 것은 기껏해야 대성당의 공사를 위해 단지 거기에 세워놓은 건축 비계처럼 다시금 해체되어야 한다"(GA 39, 23).

　　아주 소극적인 태도에도 불구하고 철학을 이렇게 특징 짓는 일은 계속해서 요구된다. 횔덜린의 시짓기가 맺고 있는 현재와의 연관은 명백하게 드러나지 않는다. 그렇다고 해서 철학적 암시가 "드러나지 않는" 것은 아니다. 그 암시를 통해 현재가 시짓기의 척도 아래 놓여야 하기 때문이다. 유일하게 철학만이 횔덜린의 시짓기에서 수행되는 시간의 결단을 현재와 관련시킨다. 거기에서 정치적 계획의 윤곽들도 인식될 수 있다. 철학은 세계-내-존재의 악보로서 시짓기를 지시한다. 그러나 그것의 정치적 실현은 아직 요원하다. 철학이 시짓기로부터 시간이 무엇인지를 말할 수 있게 됨으로써 철학은 자신의 고유한 현재에게 시간을 말하며, 나아가 시간은 시적인 가능공간의 경험에서 자신의 고유한 시간으로서 건립될 수 있다.

　　이때부터 더 이상—이것을 한번 총장 취임연설의 입장과 연결시켜 본다면—유일하게 참되며 결정적으로 중요한 2차 혁명에 관한 언급은 없다. 하이데거는 시류에 부합하여 현재의 것에서 2차 혁명을 더 이상 정당화할 수 있는 가능성이 있다고 보지 않는다. 횔덜린-강의에 나타난 현재에 대한 비판적 언급은 흘려들어서는 안 될 만큼 명백하며, 준엄하기까지 하다. 하이데거의 말처럼 횔덜린은 "독일인의 시인"이다. 그러나 이 말은 주격 소유격이 아니라, "독일인을 처음으로 시로 지은 시인"이라는 목적 소유격의 의미에서 이해되어야 한다 (GA 39, 220). 바로 뒤에서 하이데거는 다음과 같은 말을 덧붙이고 있다.

"그러나 아직 우리는 시짓기 없이 존재한다"(GA 39, 221). 횔덜린은 독일인의 시인이다. 그는 독일인 자신이 유일하게 그것을 통해 독일인으로 존재하는 언어에서 시간을 새롭게 기투한 시인이며, 또한 새로운 세계, 즉 거기에서 비로소 "근원적인 공동체"가 가능하게 되는 세계의 가능성을 개방한 시인이다. 왜냐하면 시짓기는 "개별자의 가장 고유한 본질을 부각시키고 각성시키는 것이기 때문이다. 이를 통해 개별자는 자신의 현존재의 근거로 되돌아간다. 모든 개별자가 거기에서 유래한다면 개별자들의 근원적인 공동체로의 참된 결집이 그때 이미 예견된다. 소위 조직이라는 것 속에 너무 많은 사람들을 거칠게 넣어 가두어 놓는 것은 임시방편일 뿐이며, 결코 본질은 아니다"(GA 39, 8).

확실히 이것은 근원적인 공동체로 가는 길을 발견하기 위해 횔덜린의 시짓기를 계속해서 성찰해야 한다는 현재에 대한 요구라고 볼 수 있다. 공동체는 시짓기가 규정하는 대로 시간으로부터 생겨난다. 그러나 여기에서 언급되는 공동체는 단순히 현존하는 정치적 관계에서 성립될 수 있는 것이 아니다. 공동체를 위한 장소는 "소위 조직이라는 것 속에 거칠게 넣어 가두는 것"에 있지 않다. 그것을 통해 하이데거가 이해하려고 하는 것은 분명히 유일하게 현재에 대해서 비판적으로 작용할 수 있는 다른 정치의 필요성이다. 그러나 이때 직접적인 철학의 정치적 영향은 배제된다. 철학은 다른 정치의 토대로서 시짓

기를 지시할 수 있을 뿐이다. 횔덜린-강의에서 이것은 다음과
같은 것을 의미한다.

> 근본기분, 즉 한 민족의 현존재를 위한 진리는 근원적으로 시
> 인을 통해 건립된다. 그러나 그렇게 드러난 존재자의 존재는 <u>존재</u>
> <u>로서</u> 파악되고, 조성되며, 그와 함께 비로소 사유자를 통해 개방된
> 다. 그리고 그렇게 파악된 <u>존재</u>는 민족이 민족으로서 자기 자신에
> 게 도달함을 통해 마지막이자 처음으로 존재자의 진지함, 즉 **기분**
> **적으로-규정된** 역사적 진리 속에 놓여진다. 그것은 국가창시자를
> 통해 그 본질에서 기분적으로-규정된 국가를 창립함으로써 일어
> 난다(GA 39, 144).

덧붙여 하이데거는 시짓기, 사유, 국가의 창립이 "앞으
로, 뒤로" 영향력을 행사하지만 그렇다고 해서 "결코 계산될
수 있는 것이 아니"라고 말한다. 이것들은 "오랫동안 인식되지
않을 것이며, 서로 연결되기 위한 교량도 없이 그때마다 시짓
기, 사유, 국가적 행위의 다양한 힘의 전개에 따라, 그리고 그때
마다 다양하면서도 거대한 개방성의 영역에서 영향력을 행사"
할 수 있다(GA 39, 144). 그러나 정치적 조직이 시짓기와 사유의
의미에서 영향력을 행사할 수 있다는 것을 의미하는 것은 아니
다. "뒤로" 영향을 미치는 것은 현재의 사유이며, 그 사유가 횔
덜린의 시짓기와 연관될 때 일어난다. 그리고 "앞으로" 영향력
을 미치는 것은 시짓기이다. 이것은 마치 아직 요원한 국가적

행위의 관점에서 사유가 영향력을 행사하는 것과 같은 것이다.

　　시짓기에서 공동체를 건립한다는 것은 정치적인 조직 설계와는 무관하다. 얼핏 보기에 그것은 적어도 상상으로 가능한 것으로 여겨질 수 있다. 그러나 여기에서 시짓기가 역사의 시간공간에 대한 규정으로 이해되고, 적어도 정치적 공동체가 앞서 해명한 역사와의 관계를 가지며, 하이데거가 말하고 있듯이 그때마다 규정된 역사성에서 이해된다면 공동체의 건립은 당연히 그러한 상상의 성격을 벗어난다. 그 공동체의 건립이 진정한 공동체로 형성될 수 있는지, 나아가 하이데거가 의미하는 진정한 공동체가 현실적으로 존재하는지는 별개의 문제이다. 그러나 기재와 장래가 규정된 방식에서 해명되지 않는다면, 규정된 역사성에 대한 이해도 생각할 수 없다는 것을 사람들은 인정할 것이다. 이것은 우선적으로 다시금 기재하는 것을 열거하고, 있을 수 있는 것에 대한 생각의 전개를 의미하지 않는다. 이러한 형태의 열거와 생각은 오히려 그것들이 그 안에 들어설 수 있는 시간의 도식을 전제하고 있다. 사람들이 장래를 위협적인 것으로 경험하고 있다면, 그들은 기대되는 발전의 의미에서 장래를 해석하는 때와는 다르게 기재하는 것을 열거할 것이다.

　　결국 하이데거가 횔덜린–해석에서 중요하게 여기는 것은 이러한 역사의 도식 이외에 다른 것이 아니다. 그렇지만 역사의 도식이 현재에 대한 "척도가 될" 수는 없다. 그렇게 될 경

우, 현재는 그 자신에 대한 이해를 가질 수 없기 때문이다. 현재
가 그러한 이해를 분명히 가지고 있다는 사실은 앞에서 인용된
"가두는 것", "조직"과 같은 언급에서 이미 확인되고 있다. 현
재는 그 자신에 대한 이해를 가지고 있을 뿐만 아니라, 나아가
그 이해는 자신의 구조에 있어서도 시간적이다. 현재는 자유롭
게 내어주는 현존과 부재의 상호작용에 대립하여, 즉 시간 자
체에 대립하여 차폐되어 있으면서도 시간 자체로 향한 시각 없
이는 사유될 수 없는 형태에서만 시간적이다. 시짓기의 존재기
투에서 아직 현재는 발견되고 있지 않았음에도 불구하고 현재
자체는 존재기투의 성격을 가진다.

　　　그렇다고 한다면 그 사이에 존재기투의 구상이 이전과
달라졌다고 하지 않을 수 없다. 이후 하이데거는 모든 존재기
투를 더 이상 해방으로 이해할 수 없으며, "본래적" 존재기투
와 "비본래적 존재기투"를 구별해야 한다는 것을 받아들인다.
사실상 이것은 아주 당연한 변화일 것이다. 이때 자연과학은,
하이데거가 플라톤–강의에서 논의한 바 있듯이, 현재의 규정
을 위한 접합점을 형성한다. 현재의 자기이해는 존재자의 겉모
습을 부여하는 존재기투의 성격을 가진다. 거기에서 존재자는
"조작"(Machenschaft) 속에 휘말리게 된다. 그러나 자연과학도
이제는 포괄적인 연관에 속할 수밖에 없다. 현재의 자기 이해
는 총동원의 존재기투이기 때문이다.

총동원과 니힐리즘 : 위험과 구원자

"총동원"(totale Mobilmachung)은 1930년에 발표한 에른스트 융거(Ernst Jünger)의 저작 제목이다. 이 저작은 제1차 세계대전과 함께 가장 먼저 나타난 전쟁수행의 변화에 대해 날카롭게 지적한 진단을 그 핵심으로 하고 있다. 이전부터 고전으로 자주 인용되어 온 클라우제비츠의 명제에 따르면, 전쟁은 다른 수단을 통해 정치를 속행하는 활동으로 여겨졌으며, 그런 점에서 전쟁은 정치계획과 정치적 결단의 영역에 놓여 있었다. 그 반면 이제 오히려 국가가 전적으로 공격과 방어능력이라는 관점에서 조직되고 있음을 볼 수 있다. 융거는 다시금 이것을 인간의 모든 삶의 관계에서 일어나는 심각한 변화의 징후로서 해명한다.

그것을 제한하는 현상들은 다양하다. 그로 인해 신분의 소멸과 귀족적 특권의 단절, 그와 동시에 전사계급의 개념들도 사라지게 되었다. 국가를 대표하여 무장하는 것은 더 이상 직업군인의 의무도, 특권만도 아니다. 그것은 오히려 무기를 다룰 수 있는 모든 사람들의 과제가 되었다. 따라서 고정된 군비를 가지고 전쟁을 수행하라는 요구는 엄청난 비용의 확대로 인해 가능하지 않게 되었다. 오히려 전쟁무기의 작동을 유지하기 위해 모든 재정의 긴축과 마지막 동전 한 닢조차 필요한 실정이다. 그리고 무장을 통한 행위로

서 여겨진 전쟁의 이미지도 거대한 노동과정의 확대된 이미지로 점
차 변화되고 있다. 전장에서 만나는 군대와 함께 교통, 급식, 군수
장비산업과 같은 새로운 형태의 군대—노동 일반의 군대—가 생
겨나고 있다. 전쟁이 끝나가는 막바지에는 최소한 간접적인 것일지
라도—심지어 재봉틀로 하는 집안일조차—전쟁수행과 무관한 활
동은 더 이상 없다. 이렇게 잠재적 에너지를 남김 없이 파악하면서
전쟁을 수행하는 산업국가는 화산 같은 대장간으로 변화되며, 거기
에서 노동의 시대의 발발은 아마도 가장 현저한 현상으로 드러난
다—노동의 시대는 세계전쟁을 프랑스 혁명의 의미를 능가하는 역
사적 현상으로 만든다.[7]

사람들은 이 진단이 적어도 20세기 국면과 일치한다는
것에는 이의를 제기하지 않을 것이다. 이 진단은 하이데거에게
도 깊은 인상을 심어주었다. 그는 이 진단을 자신의 방식으로
받아들여 그에게 유용한 것으로 만들었다.

하이데거는 『철학에의 기여』 2부에서 융거의 진단에 대
해 보다 심도 깊은 숙고를 제시한다. 거기에서 그는 위에 인용
한 글을 다시 거론하고 있을 뿐만 아니라, 1932년에 출판된 융
거의 책 『노동자』에 대해서도 다루고 있다. 융거는 그의 책에
서 자신의 관찰을 다듬고, 점차 새로운 시대로 진행하면서 새로

[7] E. Jünger, "Die totale Mobilmachung", in : *Sämtliche Werke*, Zweite Abteilung, Essays I, Bd. 7, Stuttgart 1980, 125 이하.

운 인간유형, 다름 아닌 노동자가 양산되고 있다는 논제를 정
리하였다. 그러한 양산이 조직화되고 있는 정치적 관점은 윙거
에게 부차적인 것일 뿐이다. 그 전형이 민족주의든, 볼셰비키
든, 자유주의든, 전체 발전을 위해서는 결과적으로 별반 다를
것이 없기 때문이다. 이것들은 지구 전체에서 이루어지는 변화
의 틀에서 볼 때 과도기적 현상들이다. 거기에서 부정할 수 없
는 사실은 엄청난 노동과 에너지의 동원으로 인해 결국에는 새
로운 질서가 형성되고 있다는 것이다. 그 질서는 이미 익숙한
것에 고착되어 있던 사람들이 생각할 수 없는 그런 것이다.

　　『철학에의 기여』에 제시된 하이데거의 응답을 이해하려
면 윙거의 진단이 어떤 맥락에 놓여 있는지를 사람들은 먼저 알
고 있어야 한다. 하이데거는 "근원적인 존재이탈의 결과로서 '총
동원'"이라는 제목 아래 다음과 같이 말하고 있다.

　　지금까지 존속하는 모든 교육내용들의 공동화(空洞化, Aus-
　　höhlung)와 순수-운동으로의-전환(das reine In-Bewegung-set-
　　zen). 전체 대중의 준비태세와 작업투입에 있어서 **조작**과 **설치**의
　　우월성-이것은 무엇을 위한 것인가? 이러한 동원의 우월성은 무
　　엇을 의미하는가? 여기에서 새로운 인종의 필요성이 강요되고 있다
　　는 것은 이 사건의 **대립**결과일 뿐이며, 결코 '목적'이 아니다. 그러
　　나 아직도 '목적'이 있는가? 목적-설정은 어떻게 생겨나는가? 시
　　원에서 생겨난다. 그렇다면 시원이란 무엇인가?(GA 65, 143)

그러나 융거는 "새로운 인종"의 형성이 발전의 목적이라고 말하지 않았다. 그에게 발전의 목적은 "알려지지 않은 새로운 세계의 발견—아메리카의 발견보다 더 파괴적이며, 결과가 더 많은 발견"—이다.[8] 하이데거가 "순수-운동으로의-전환"이 추구하는 목적에 대해 묻고 새로운 인종의 "강요"가 목적이 될 수 없다고 강조하는 것은 오히려 그 자신의 관심이 무엇인지를 보여준다. 이 관심은 두 측면을 가지고 있다. 하나는 아직도 목적이 있는가 하는 물음이며, 그 다음은 목적설정의 근원에 대한 물음이다. 첫 번째 물음은 현재의 진단을 위한 시도에 해당되는 반면, 두 번째 물음에서는 하이데거의 해체 계획이 가진 최종적이며 가장 근본적인 관점이 문제되고 있다.

아직도 목적이 있는가 하는 물음에 대해 하이데거는 분명히 부정적으로 대답한다. 사람들은 그 물음에 대해 왜 그렇게 대답하는지를 쉽게 알 수 있다. "동원의 우월성"을 현실적으로 강조한다는 것은 제시된 모든 목적이 동원을 앞서 감행한다는 의미만을 가지며, 이러한 목적이 더 이상 충족되지 않는 순간 곧 의미가 상실되는 것을 말한다. 그리고 동원을 그 자체에서 목적이 충족된 것으로서 여기는 것도 마찬가지로 배제된다. 그러므로 동원은 모든 계기마다 그것의 고유한 완성을 강요하

8] E. Jünger, "Der Arbeiter", in : *Sämtliche Werke*, Zweite Abteilung, Essays II, Bd. 8, Stuttgart 1981, 311.

는 운동성을 의미한다. 이런 관점에서 볼 때 "현재에"는—겉
으로 보기에 모순 같지만—더 이상 그 어떤 목적도 없다.

더 정확하게 말한다면, "현재에" 사람들이 목적을 가지
고 있다는 상황은 본래 목적이 없다는 주장에 대한 반론이 될
수 없기 때문이다. 하이데거에 따르면 "모든 목적이 사라졌다"
는 주장은, 니체가 자신의 현재 진단을 위해 니힐리즘의 개념
을 도입했을 때 제시되었던 것이다(GA 65, 138). 그때마다 사람
들은 니체의 진단을 "공개적으로 아니면, 악마처럼 은밀하게
애호해 왔다." "그렇다면 그것을 해명하는 숙고는 다음과 같다.
그것이 참이고, 참일 수 있다면, 우리는 어디로 가고 있는가"
(GA 65, 139)? 그러나 바로 이 물음은 하이데거가 "목적"으로 향
하고 있는 현재의 방향을 설명하고 있는 것과 관련되어 있다.
사람들은 "바로 이 숙고, 즉 그것을 담고 있는 태도, 존재자와
맺는 관계가 본래 니힐리즘이라는 것을 감지하지 못한다." "사
람들은 목적—상실을 시인하려고 하지 않는다. 그리고 그 때문
에 사람들은 갑자기 다시금 '목적을 가진다'. 단지 기껏해야 목
적지향과 수행을 위한 하나의 수단일 수밖에 없는 것이 목적
자체로 고양된다. 그 예가 민족이다"(GA 65, 139). 결국 국가사
회주의의 "민족적" 성격은 니힐리즘적 징후 이외에 다른 것이
아니다. 이를 통해 최종적으로 하이데거는 그가 당면한 현재
의 정치에 근본적인 대립하는 하나의 입장을 이끌어낸다.⁹

이제 결정적으로 중요한 것은 처음으로 횔덜린-강의에

서 해명했고 『철학에의 기여』에서 정리했던 시대진단을 하이
데거가 그의 철학적 구상과 어떻게 연관시키고 있는가 하는 물
음이다. 이에 대한 논의는 앞서 인용한 에른스트 융거에 대한
응답에서 목적설정의 근원에 대한 물음과 이 근원이 시원이라
는 암시를 통해 준비되고 있다.

시원은 우리가 알고 있듯이 시간 자체이다. 이 시간은
현존과 부재의 상호작용으로 특징지어진다. 그 상호작용은 다
시금 기재의 거부와 장래의 유보에서 경험된다. 이러한 의미에
서 시간은 이때부터 목적설정의 근원으로서 쉽게 통찰될 수 있
다―장래가 유보가 아니라면 어떤 목적도 기투될 수 없다. 여
기에는 『존재와 시간』에서 알려진 사유가 드러나고 있다. 그
사유는 장래를 무규정적으로 앞서 있는 존재에게 고유한 시간
의 탈자태로 여기는 것이다. 그러나 이 사유는 이제 완전히 다
른 위상을 가진다. 개별적인 현존재의 분석은 규정된 행위와
관계맺음의 목적들을 무규정적으로 앞서 있는 존재에 대한 대
답으로서 파악하는 것이 피할 수 없는 것이라고 정리한 바 있
으며, 이 목적들을 가능존재의 빛에서 보는 것이 중시되었던
반면, 하이데거의 새로운 구상은 목적과 유보의 관계를 대답과
물음의 모델에 따라 이해하는 것을 배제한다. 사람들이 "갑자

9〕 이 문제에 대한 상세한 논의는 다음 책을 참조할 것. S. Vietta, *Heideggers Kritik am Nationalsozialismus und an der Technik*, Tübingen 1989.

기 다시금 목적을 가진다"는 것은 본래 "목적-상실"에서 생겨난다. 목적-상실은 "모든 목적이 사라졌다"는 것에서 생겨난다. 어떤 목적도 더 이상 없으며, 그 때문에 목적의 "기투"가 그 근원을 시간에서 가진다는 통찰도 별로 중요하지 않다. 오히려 "목적-상실" 자체가 진지하게 받아들여지고 "니힐리즘에 대한 앎"을 유지하는 것이 중요하다(GA 65, 141). 이것이 "니힐리즘의 극복"에서 "가장 피할 수 없는 것이며, 가장 어려운 것"이다(GA 65, 141).

      니힐리즘에서 "사라진" 목적들은 "그 자체에서 자라나며, 인간을 (어디로) 변화시키는 목적들"이다(GA 65, 138). 이것이 정확하게 무엇을 말하는지를 하이데거는 6회에 걸친 니체 강의들 중에 첫 번째 강의―1936/37년 겨울학기 강의―에서 다음과 같이 정식화해 주고 있다. "그것 안에서, 그것을 통해 민족들의 역사적 현존재에 속한 모든 힘이 단합되고, 그것을 위해 그 힘들이 전개될 수 있는 목적은 더 이상 없다. 그런 형태의 목적, 다시 말해 무엇보다도 현존재를 통일적으로 그의 영역으로 강제로 이끌어 오고, 창조하며, 전개하도록 이끄는 그런 힘을 가진 목적은 더 이상 없다"(GA 43, 194). 이것은 다시금 신은 더 이상 없다는 것을 의미한다. "초감각적 근거와 모든 현실적인 것의 목적"으로서 신은 죽었다(GA 5, 217).

      니힐리즘의 모든 형식들, 영역을 확장하는 과학과 기술, 무엇보다도 이것들을 포괄하는 산업국가들의 "총동원"은 결국 하이데거에 따르면 신의 죽음에 대한 불성실하며 끔직한 대답으로 이해될 수밖에 없다. 그렇다고 해서 하이데거는 아리스토텔레스–기획초안에서 착수했었던 그리스도교 전통에 대한 해체를 철회하지 않는다. 신의 죽음에 대한 언급 자체는 오히려 의지와는 달리 현재 자체로부터 수행되는 해체의 틀에 속한다. 신을 지향함으로써 삶에 목적을 부여하는 모든 시도들이 신에 대한 경험을 가장한 거짓 이외에 다른 것이 아니었다는 사실은 니힐리즘을 통해 판명된다.

　　『즐거운 학문』의 「경구 125」에서 "광인"이 신에 대한 죽음을 선언했다면, 바로 그 신을 하이데거가 "초감각적 근거와 모든 현실적인 것의 목적"이라고 명명하는 것이 바로 이러한 상황에 대한 하나의 응답이라고 할 수 있다. "근거"와 "목적"은 서로 쌍을 이루고 있는 그리스 철학의 근본낱말들로서 "아르케"(arché), "텔로스"(télos)의 번역이다. 아리스토텔레스에 따르면 아르케는 운동이 거기에서 시원을 가지는 것을 말하고, 텔로스는 운동이 거기에서 완성되는 것을 말한다. 그러나 이 낱말들이 서로 쌍을 이루는 것은 운동의 화살표를 동시에 나타내고 있기 때문만은 아니다. 오히려 목적은 운동이 반드시 그것으로 향할 수 있기 위해 이미 운동의 시원에 있어야 한다. 그리고 에네르게이아 형식의 운동, 즉 모든 계기에서 완성태가 작동하는 운동에는 아르케와 텔로스가 동일하다. 플라톤에서도—적어도 하이데거의 해석에 따르면(GA 9 203 이하)—이 근본낱말들이 선의 이데아에 의해 한편으로 "모든 것의 근거"로 명명되고, 다른 한편으로 인간 본질의 형성을 위한 목적으로 지칭되는 한, 서로 쌍을 이룬다. 하이데거가 『철학에의 기여』에서 자세하게 논의하고 있듯이 모든 것의 근거는 그것을 향해, 그것을 따라 사람들이 "지향할 수" 있는 어떤 것으로서 여겨진다. 모든 것의 근거는 그 단초에 있어서 이미 "'가치'로, '의미'로, '이상'(Ideal)"으로 변화된다. 그리고 그것은 다른 "이상들"로 대치될 수 있는 것이다.

그리스도교 전통이 그리스 철학에 기초해 있는 한, 거기에서 신은 사람들이 그것을 향해, 그것에 따라 지향할 수 있는 그런 것으로서 이해된다(GA 65, 211). 그리스도교 전통은 결국 니힐리즘적 목적설정의 시도들과 구별되지 않는다. 오히려 이 시도들은 신의 죽음으로 연명해 가면서도 근본적으로 전통에 의존하여 그 전통을 전도시키고, 왜곡시키며, 발전시켜 온 것들뿐이다. 이 둘[그리스도교 전통과 그리스 철학]에 대해 하이데거는 "형이상학"이라는 제목을 사용한다. 이때 부정적으로 강조되는 "형이상학"은 동시에 그 자체에서 부재이기도 한 현존을 순수 현존으로 속여 다르게 해명한다.

따라서 신의 죽음에 대한 앎은 서구 전체의 전통을 물음에 부치는 계기가 된다. 또는 좀 더 정확하게 말해서, 니힐리즘을 통해 전통에 대한 문제제기를 진지하게 받아들이는 계기가 된다. 이것은 총장 취임연설에서 요구했던 것과는 아주 다르다. 하이데거가 현재를 니힐리즘으로 규정한 것은 그의 횔덜린-강의와 일치한다―니힐리즘은 "척박한 시대"이다. 그러나 이것은 그 이상의 의미를 가진다. 30년대 중반부터 하이데거는 그의 철학적 힘을 전승을 해체하려는 계획을 새롭게 수립하는 데 쏟아붓는다. 20년대 초처럼 전승의 해체를 위해 그는 현재의 "해석학적 상황"에 뛰어든다. 그러나 이제 그에게는 내용을 중시하는 철학의 가능성만이 아니라 서구의 운명적 역사 자체가 문제로 등장한다.

　　서구의 운명적 역사는 비로소 니힐리즘의 위기에서 그것이 현실적으로 받아들여질 수 있을 정도로 위험에 직면한다. 신의 죽음에 대한 앎이 "형이상학"의 종말에 대한 통찰로 변화되는 그때, 비로소 신적인 것은 다시금 보존될 수 있다. 왜냐하면 신적인 것을 "확정"하려는 "형이상학적" 시도를 위한 어떤 가능성도 이제는 없기 때문이다. "형이상학"의 종말에서 비로소 신들의 본질이 다시금 드러난다. 이미 그의 횔덜린-강의에서 하이데거는 곧바로 신들의 본질을 "지나가 버림"(Vergänglich-keit)이라고 말한다. "지나감(Vorbeigehen)은 신들의 현존성에 속한 양식, 즉 지나감의 찰나에서 모든 행복과 모든 공포를 보여줄 수 있는, 좀처럼 파악하기 힘든 눈짓(Wink)의 순간성(Flüchtig-keit)이다"(GA 39, 111).

　　유지되고 있는 니힐리즘에서 신들의 본질이 "다시금" 나타날 수 있다면, 그것은 이미 한번 나타났던 것임에 틀림없다.

하이데거는 "좀처럼 파악하기 힘든 눈짓의 순간성"이라고 말한 것을 잠시 후에 그의 강의에서 "순간성은 신들에게 고유한 언명의 방식"이라고 말하는 헤라클레이토스의 단편을 제시하며 다시 한 번 거론한다. 하이데거는 그 「단편 95」를 다음과 같이 번역하고 해명한다. "'델피 신전의 주인[아폴로 신]은 말하지도 감추지도 않고 **눈짓한다**.' 근원적인 언명은 직접적으로 개방되지도 않으며, 단순히 전적으로 감추기만 하는 것도 아니다. 오히려 이 언명은 둘이 하나로 통일되어 있다. 그 하나(Eine)로 나타나는 것이 눈짓이다. 거기에서 말 되어진 것은 말 되어지지 않은 것을, 말 되어지지 않은 것은 말 되어진 것과 언명해야 할 것을 지시한다. 대립투쟁하는 것은 현존하는 조화를 지시하며, 이 조화는 진동하기만 하는 대립투쟁을 지시한다"(GA 39, 127 이하). 이렇게 신적인 "눈짓"으로 특징지은 것이 하이데거가 시적 언어에 대해 말했던 것을 기억나게 하는 것은 우연이 아니다. 바로 시적 언어에서는 말 되어진 것과 말 되어지지 않은 것이 상호작용한다. 그런 점에서 시적 언어는 모든 규정에도 불구하고 인간적인 척도에 따라 계산될 수 없는 하나의 경험에 대한 해명이 될 수 있다.

이런 의미에서 시적 언어는 하이데거에게 횔덜린의 언어일 뿐만 아니라, 헤라클레이토스와 파르메니데스의 언어이기도 하다. 횔덜린에게서 "서구 철학의 시원에서 힘을 얻었던 저 존재의 이해가 다시 가까워졌으며, 다시 강력해졌다"(GA 39,

123). 그러므로 휠덜린이 그들의 기재에서 시로 지은 기재하는 신들은 하이데거에게 철학의 시원에 있던 신들, 즉 헤라클레이토스의 아르테미스와 아폴로이며, 파르메니데스의 "진리"의 여신이다.(GA54 163) 이 신들의 이름은 인간적인 척도에 따라 계산될 수 없는 사유의 경험을 대표하는 것이다.

　　그러나 『철학에의 기여』에서 하이데거는 소위 소크라테스 이전 철학자들도 그의 해체 계획에 포함시킨다. 그러한 이유에 대해서 하이데거는 다음과 같이 말한다. "어디에서도" "존재진리 자체를 사유하고, 이를 통해 진리 자체를 존재로서 사유한 사유"를 우리는 만난 적이 없다. "심지어 서구 사유의 시원으로서 플라톤 이전의 사유가 플라톤과 아리스토텔레스를 통해 형이상학의 전개를 예비하게 한 거기에서도 존재는 사유되지 않았다. '에스틴 (에온) 가르 에이나이' (èstin [eòn] gàr eînai)는 분명히 존재 자체를 말한다.[10] 그러나 이때 존재는 현존을 의미하기는 하지만, 바로 그것의 진리에서 유래한 현존으로서 사유되지 않고 있다. 존재역사는 급기야 필연적으로 **존재망각과 함께 시작한다**"(GA 5, 263). 그렇게 된 것은 시원에서의 사유가 "인지함(Vernehmen)이며 모음(Sammlung)"이기 때문이다(GA 65, 198). 그것은 존재의 경험을 로고스로 옮겨놓는다는 것을

10】 **역주**_파르메니데스의 언명 : "그것(존재하는 것)은 곧 존재이다."

의미한다. 그와 함께 이미 현존과 부재의 상호작용에 대해 현존의 우위가 증명된다. 레게인(légein)은 횔덜린-강의에서 하이데거가 이끌어낸 헤라클레이토스의 단편에 따르면 크립테인(kryptéin), 즉 은폐함의 반대말이다(GA 9, 279). 그렇지만 시원에서의 사유는 아직도 "시적"이다. 그것이 바로 철학의 시원이기도 하다.(GA40 153) 철학은 그 시원의 퇴락이며, "존재역사"로서 필연적으로 존재"망각"과 함께 시작한다.

이 망각의 종말은 예견될 수 없다. 왜냐하면 "다른 시원", "마지막 신의 지나감"은 분명히 앞서 있는 유보일 수밖에 없기 때문이다. 그 유보는 기재하는 것으로서 거부되는 것에 대한 유보이다. 다른 경우에도 사람들은 첫 번째 시원에서 생겨난 것에 대한 "대립운동"에서만 망각의 종말에 대응할 수 있을 것이다. 이것은 마치 모든 대립운동에서 사람들이 그 운동이 대항하고 있는 것에 의존하여 있을 수밖에 없는 것과 같다. 하이데거는 『철학에의 기여』에서 다음과 같이 말한다. "대립-운동은 자신의 승리에 사로잡혀 있다. 다시 말해 그것은 승리하지 못한 것에 연루되어 있다"(GA 65, 186). 이것이 "계몽의 변증법"에 대한 하이데거의 관점이다.

이러한 대립운동으로부터 벗어나기 위해 하이데거는 다른 시원의 사유를 첫 번째 시원에 대립시키지 않는다. 다른 시원은 오히려 "대립과 직접적인 비교를 벗어나 있는 다른 것으로서" 성립한다. 첫 번째 시원과 다른 시원은 조화 속에 대립투쟁하는 것이며, 대립투쟁하는 것이 조화롭게 있는 방식으로 서로 연관되어 있다. 형이상학과 니힐리즘으로 나타난 그것의 종말은 다음과 같은 점에서 두 시원의 "대결"이다. 즉, 첫 번째 시원과 멀어지면서 그 첫 번째 시원은 자유롭게 되며, 또한 다른 시원에 "접할" 수 있게 된다. "다른 시원은 새로운 근원성에서 첫 번째 시원이 그 역사의 진리에 이르고, 이를 통해 드러나지 않은 가장 고유한 다른 형태에 도달하도록 이끈다. 이 다른 형태는 사유자의 역사적 대화에서만 성과를 거둘 수 있는 것이다"(GA 65, 187).

그러나 기재하는 첫 번째 시원이 그의 "진리"에 이르도록 이끄는 것은 바로 장래의 "근원성"이다. 장래의 "봉기"가 불가능한 곳에서는 하나의 규정된 현실성에서 자신을 본래적으로 이해하는 것조차도 배제되어 있다. 여기에서 하이데거는 다시금 『존재와 시간』의 구상으로 되돌아간다. 즉, 장래의 무규정성은 삶의 기획에—비본래적으로—고착되는 것을 방해한다. 그러나 이러한 무규정적인 장래에 대한 이전의 사유는 시원의 역사적 개념과 연결되고 있다. "다른 시원"은 사람들이 결코 도달할 수 없는 시원이다.

첫 번째 시원은 기재하는 것이며, 다른 시원은 장래의 것이다. 이 두 시원들 "사이"의 역사는 유일무이하게 몰락과 이행을 나타낸다. 이 역사는 유일무이한 사이시간(Zwischenzeit)이다. 대립운동에서 문제가 되는 특징을 통찰하면서 하이데거는 사실상 새로운 세계의 설립에 대한 사유를 포기한다. 왜냐하면 하나의 사이시간으로서 역사는 유일무이한 사이시간이기도 하기 때문이다. 서구의 역사는 강력한 시간공간이며, 이 시간공간에 그 역사는 머물러 있을 것이며, 머물러 있어야 한다. 역사의 시간-공간이 개방되어야 한다고 할 때 다른 시원이 도래해서는 안 된다. "마지막 신"의 지나감과 함께 그 신의 유보 이외에는 앞에 아무 것도 놓여 있지 않다. 그후에는 사이시간으로 이해된 현재에 머물러 있는 것 이외에 다른 가능성이 없다. 따라서 사람들은 현재의 사이시간적 성격을 받아들이고, 근거 없는 니힐리즘적 역학을 통해 만용을 부리려고 해서는 안 된다. 바로 그렇게 할 때에만 "마지막 신"이 "지나갈" 수 있다.

　　이러한 사유가 하이데거의 후기 작업을 주도해 나간다. 이 작업을 통해 개방된 역사의 시간-공간을 유지함에서 형성되고, 그러한 형성에서 역사의 시간-공간에 상응하는 태도가 제시된다. 이런 의미에서 그 작업은 "윤리적"이다. 하이데거 자신은 언뜻 보기에 철학적 윤리학을 거부하는 것처럼 보이는 한 저작에서 이러한 후기 사유의 윤리적 측면을 아주 뚜렷하게 개진한 적이 있다. 그 저작은 1946년에 출판된 『인문주의 서한』이다. 이 저작은 아주 중요하다. 이 저작에서 하이데거는 자신의 고유한 철학을 정리하고, 횔덜린-해석의 관점을 통해 직접 『존재와 시간』을 스스로 해석하는 상세한 논의를 전개하고 있을 뿐만 아니라, 나아가 간접적으로 『철학에의 기여』와도 연결시키고 있기 때문이다. 그런 이유에서 소위『인문주의 서한』이라고 불리는 이 저작이 1947년에 출판된 이후에도 낯선 것으로 여겨지게 된 것은 우연이 아니다. 왜냐하면 이 서한은 바로『철학에의 기여』에서 상세하게 전개된 것으로 알려진 철학적 구상을 아주 짧게 제시하고 있기 때문이다. 결국 사람들은 이 문헌을『철학에의 기여』가 출판된 해인 1989년 이후에야 비로소 제대로 이해할 수 있었다.

　　인문주의–서한의 윤리학은 특별한 형태를 띠고 있다. 하이데거는 우선 "윤리학"에 대한 언급을 회피한다. 왜냐하면 그 용어만으로도 이미 "형이상학"의 전통으로의 귀속성이 인식되기 때문이다. "논리학", "물리학"과 짝을 이루어 언급되는 "윤리학"은 이미 철학을 개별분과로 구분하며, 개별적으로 학문화하는 것을 의미한다. "이렇게 이해된 [개별분과로 구분된] 철학의 특징에서 학문은 생겨나고 사유는 사라진다"(GA 9, 354). 그렇다고 해서 "윤리적인 것"에 대한 언급이 지시하고 있는 사태는 거부되지 않는다. 그러나 하이데거에게 있어서 이 사태는 아리스토텔레스 또는 칸트의 유명한 저작보다 헤라클레이토스의 단편에서 훨씬 더 뚜렷하게 제시된다.

　　단 세 낱말로 되어 있는 헤라클레이토스의 격언은 아주 단순한 것을 말하고 있지만, 에토스의 본질이 직접 드러나고 있다. 헤라클레이토스의 격언(Nr. 119)은 다음과 같다. '에토스 안트로포 다이

몬(êtos anthropô daímon).' 사람들은 이 격언을 흔히 일반적으로 다음과 같이 번역한다. '인간에게 고유한 양식은 신적인 것이다.' 이 번역은 현대적으로 사유된 것이지 그리스적인 것은 아니다. 에토스(êtos)는 체류, 거주의 장소를 의미한다. 이 낱말은 사람들이 그 안에 거주하는 개방된 영역을 일컫는다. 체류를 위한 개방된 장은 인간의 본질에 속하며, 그 본질에 가깝게 도달하여 체류하는 것을 드러나게 한다. 인간의 체류는 인간이 그의 본질에 속하고 있는 것의 도래를 포함하고, 그것을 보존한다. 그것은 헤라클레이토스의 낱말에 따르면 다이몬(daímon), 즉 신이다. 따라서 이 격언은 다음과 같은 것을 뜻한다. 인간은 그가 인간으로 있는 한, 신에 가까이 거주한다(GA 9, 354 이하).

조금 뒤에 이 격언은 다음과 같이 해명된다. "이제부터 낱말, 에토스의 근본적인 의미에 맞게 윤리학이라는 이름이 인간의 체류를 깊이 생각한다는 것을 뜻한다면, 탈존하는 자, 즉 인간의 시원적 요소로서 존재진리를 사유하는 그런 사유는 그 자체에서 이미 윤리학이다"(GA 9, 356). 하이데거가 이 낱말, 즉 에토스에서 읽어낸 의미를 풀어내는 것은 어렵지 않다. 그 낱말은 역사적 시간-공간의 개방성과 연관되어 있다. 그 시간-공간은 횔덜린에 의한 시적 개방성을 통해 경험될 수 있었던 것이다. 그리고 사유, 즉 하이데거 자신의 사유가 "그 자체에서 이미 근원적인 윤리학"이라고 한다면, 이 사유는 더 이상 시적 개방성에 상응하는 세계의 설립을 제시하기보다는 이 세계의 개방성을 통찰하는 것에서 그의 고유함을 가진다. 어떤 면에서 볼 때, 하이데거는 이를 통해 철학에 대한 "아리스토텔레스적" 구상으로 다시 돌아가고 있다. 그는 철학 자체를 프로네시스에서 이해한다. 좀 더 정확하게 말한다면, 그는 프로네시스를 대신하여 자신을 행위로서 파악하는 일종의 성찰에서 철학을 이해한다. 물론, 초기와는 다르게 이제부터 그에게는 프로네시스에 테오리아 또는 소피아로서의 철학을 대립시키는 것이 문제되지 않는다. 하이데거가 내세우는 사유는 "실천적 앎"에서 생겨나고, 그후 그 앎에 대해 독립적이 되는 철학을 의미하지 않는다. 거기에서는 철학의 독립적인 성격에 대한 물음, 즉 『존재와 시간』의 기획을 그러한 어려움에 빠뜨렸던 그런 물음을 제기하는 것이 중요했다. 그러나 이제 그는 철학을 오히려 "실천적 앎"으로, 아주 고유한 형태의 실천적 앎으로 **되돌리는 작업**을 수행한다.

　　철학을 철저히 실천적 앎으로 되돌리려고 하는 하이데거는 이때부터 철학 대신에 "사유"에 대해 말한다. 철학은 그것이 "형이상학"이기를 중단하는 한, "사유"이다. 사유는 두 시원에 의해 개방된 시간–공간의 개방성에 머무는 하나의 태도이다. 그 특징은 개방성의 선행성이다. "사유"는 그것의 현재에서 볼 때, 몰락과 이행을 넘어서 이해되는 하나의 철학이다. 헤라클레이토스에 대한 관점을 통해 하이데거는 윤리학을 사유로 해소하는 것이 아니라 그 반대이다—이 "사유"는 여전히 윤리적인 것으로도 이해될 수 있다.

하이데거가 이후에 사유한 현재에 대한 진단의 변화도 이러한 "사유"를 윤리적으로 적용한 맥락에 속한다. 그 변화는 횔덜린의 송가 『파트모스』(*Patmos*)에 나오는 시구를 모토로 하고 있다. "그러나 위험이 있는 곳에/구원자도 자라난다." 하이데거는 이 시구를 1953년에 했던 강연 『기술에 대한 물음』의 중요한 부분에서 인용하였다. 이 강연은 다시금 논문집 『강연과 논문』(1954)에 실린 첫 번째 글로서 그 중요성이 부각되고 있다.

한편으로 하이데거는 기술에 대한 그의 논의를 30년대, 특히 『철학에의 기여』에서 제시한 현재에 대한 진단과 연결시킨다. 기술의 본질, 즉 몰아-세움(Ge-stell)은 도발적으로 요구하며, 어떤 목적도 수행하지 않는 세계지배와 자연착취의 역학이다. 그러나 하이데거가 현재를 니힐리즘의 제목 아래 파악하지 않고 바로 기술에 대한 물음에서 논의하면서 이전과 다른 차이가 생겨난다. 왜냐하면 이때부터 기술의 본질이 현재의 본질로서 파악되기 때문이다. 기술의 본질에게는 동원된 세계조차 역사적 시간-공간의 연관으로 편입시킬 수 있는 가능성이 주어진다.

좀 더 정확하게 말한다면, 이것은 "구원자"와 "위험"에 대한 하이데거의 이해에서 해명된다. "구원"(Retten)은 여기에서 "몰락에 의해 위협받는 것을 지금까지 존속하는 그대로 보

장하기 위해 즉시 붙잡는 것"을 의미하지 않는다(VA 32). 그렇
다고 한다면 이 사유는 다음과 같이 해석될 수 있다. 즉, 몰락에
의해 위협받는 것의 상태는 분명히 몰락의 가능성을 배제하지
않기 때문에 그것은 현실적으로 "구원되지" 않고 계속해서 몰
락의 가능성에 노출되어 있다. 그렇지 않다면 그것은 전혀 "구
원"될 필요가 없을 것이다. 오히려 "구원"은 "본질을 비로소
그에게 고유한 현상으로 드러내기 위해 본질을 회복하는 것"
이다(VA 32). 하이데거가 여기에서 말하는 구원은 본질을 회복
함으로써 "몰락에 의해 위협받는 것"―그것은 여기에서 현재
의 세계이다―을 보존하는 것에만 있지 않고 궁극적으로 "본
질"을 구원하는 것이기도 하다. 본질이 일차적으로 본래적인
현상으로 드러나야 한다.

　　이것이 의미하는 것은 무엇인가? 간단히 말해서 이것은
현재의 세계가 있는 바 그대로 역사적 시간–공간으로 회복되
고, 이를 통해 그 역사적 시간–공간이 현재에 현상되는 것을
뜻한다. 이와 함께 이것은 예술이 규정된 상태에서 역사적 시
간–공간을 형성했던 이전의 역할로부터 축출된다는 것도 의
미한다. 이때부터 하이데거는 역사의 시간–공간에 대한 "시각
과 신뢰"를 "새롭게 일깨우고 건립하는 예술"의 가능성을 의
심한다. "예술에서 본질의 최고 가능성이 극단적인 위험의 한
가운데서도 유지될 수 있는지는 아무도 알지 못한다. 그러나
우리는 놀랄 수 있다. 무엇 앞에서? 기술의 맹위가 도처에 미치

고 있지만, 드디어 어느 날 모든 기술적인 것을 꿰뚫고 기술의
본질이 진리의 고유화에서 현성할 다른 가능성 앞에서 [우리
는 놀랄 수 있다]"(VA 39). 그렇다고 해서 예술이 쓸모없게 되
었다는 것은 아니다. "기술의 본질은 기술적인 것이 아니기 때
문에 기술에 대한 본질적 성찰과 그것과의 결정적인 대결이 하
나의 영역에서 일어나야 한다. 그 영역은 한편으로 기술의 본
질과 연관된 것이며, 다른 한편으로 그것과 근본적으로 구별되
는 것이다." 그런데 "그러한 영역이 예술이다"(VA 39). 이때부
터 하이데거는 기술의 "맹위"가 저절로 그 자체로부터 정지상
태에 이르는 가능성에 주목한다. 그와 함께 그는 에른스트 융
거가 그의 책『노동자』의 결론에서 상세하게 전개했던 사유를
받아들인다. 기술이 저절로 그 자체로부터 정지상태에 이른다
는 것은 기술이 "예술적"이 된다는 것 이외에 다른 의미가 아
니다. 이것은 기술이 예술과 같은 근원을 가지고 있기 때문에
다시금 가능한 것이다. 예술과 기술은 포이에시스(poíesis)의 방
식이며, 하이데거의 말처럼 그것들은 "여기로–앞으로–가져오
는 탈은닉"(das her–und vorbringende Entbergen)의 방식이다(VA 38).
기술은 존재자를 현존으로 데려오는 예술과 구별되는 하나의
규정된 방식이다. 사람들이 "현존으로 데려옴"이라는 이 정식
화를 충분히 정확하게 알아들을 수 있을 때에만 이 정식화가
부재의 경험을 자체 안에 담고 있다는 사실을 간파할 수 있다.
일차적으로 현존으로 "데려와야" 하는 것은 그전에는 현존할

수 없다. 이에 대한 사유는 이미 초기에 하이데거에서 "발견"
이라는 개념을 통해 제시되었다.

　　기술에 대해 하이데거가 특징짓고 있듯이 기술에서는
부재의 **대립운동**으로 수행되는 현존-으로-데려옴이 중요하
다. 우리가 세계라고 부르는 것을 위한 기술적 설립은 전면적
인 현존을 목적으로 한다. 바로 이것이 하이데거로 하여금 기
술을 "형이상학의 종말"로서 이해하게 한다. 그가 볼 때 "형이
상학"은 분명히 현존의 철학이다. 기술이 정지하게 되면 앞서
말한 의미에서의 대립운동도 멈춘다. 이때 기술은 그것이 연루
되어 있는 부재를 명시적으로 허용하고 존재하게 하는 현존-
으로-데려옴이 된다. 그와 함께 기술은 "예술적"이 된다. 기술
에는 이미 『철학에의 기여』에서 언급되었던 "자중하며 머무름"
(Verhaltenheit)이 형성되어 있다(GA 65, 406). 기술적 세계는 사이
시간이 된다. 그와 함께 그 세계는 규정된 서구의 시간공간으로
서 신적인 것의 거부와 유보를 통해 개방된 시간공간에 연결되
어 있다. 이 두 계기, 즉 현존과 부재의 놀이, 거부와 유보의 놀
이는 상호작용한다.

　　이들의 상호작용은 하이데거의 후기 철학에서 나타나는
독특한 세계 개념으로 인도한다. 『사물』-강연에서 그가 세계
를 "대지와 하늘, 신적인 것과 죽을 자의 하나로 접힘을 고유화
하는 거울-놀이"라고 명명할 때, 거기에는 위에서 말한 "고유
화"의 두 계기가 채택되고 있다(VA 172). "대지와 하늘"은 현존/

부재로서 시간의 근원적 경험을 나타내고 "신적인 것과 죽을 자"는 역사적 시간–공간을 위한 암호이다.

6
결론

그의 후기 작품에서 하이데거는 자기 사유의 시원으로 다시 돌아간다. 그것은 다음의 세 관점에서 정리될 수 있다. 1. 믿음의 과거에 대해 알았지만, 그럼에도 불구하고 "신을 내면화"하려고 했던 철학의 계획에서 출발하여, 신과 신들에 대해 말할 수 있으면서도 신학과 무신론의 밖에 자리매김되는 사유는 신에 대한 철학적 "저항"의 길을 통과하였다(GA 65, 439). 2. 고유한 현재를 기재하는 것에 대한 시각 없이 확보하지 않으려는 역사철학의 계획에서 출발하여, 모든 시원의 장악불가능성에 기초하여 몰락과 이행의 자기화로서 이해되는 사유는 기초존재론과 정치 사이의 간이역을 거치는 철학적 시원의 길을 통과하였다. 3. 그와 함께 결국 철학사적 계획은 『존재와 시간』

의 구상과 철학과 정치가 벌이는 대결의 간이역을 통과하여, 철학을 서구의 이행역사로서, 서구를 철학의 이행역사로서 이해하는 사유로 변화되었다.

이것이 마지막이 아니다. "총동원"의 역학과 기술에 대한 논의는 틀림없이 그에게 큰 영향력을 확보하여 주었다. 이 논의들은 윤리위원회와 기술평가위원회의 통제보다도 현시대의 철학으로부터 기대할 수 있는 것이 더 많다는 것을 분명하게 보여주었다. 그러한 위원회의 통제는 결국 기술에 반응할 뿐이며, 그런 점에서 기술적 사유에 사로잡혀 있을 수밖에 없다. 이에 반해 하이데거는 말 그대로 현실적으로 적용되는 시대진단을 전개하였다. 그는 현재 세계의 양식에서도 시간에 의한 경험이 표현되고 있다는 것을 분명하게 밝히고, 그에 맞게 그 양식을 시간의 연관에서 이해할 수 있는 가능성을 제공하였다.

기술적 세계에 대한 하이데거의 진단이 이 세계를 적합하게 기술하고 있다고 해서 그 진단이 설득력을 가지는 것은 아니다. 그 설득력은 결국 그의 시간철학(Zeitphilosophie)의 설득력에 의해 성립한다. 그렇다고 해서 사람들은 맹목적으로 하이데거를 추종해서는 안 된다. 그는 현재를 서구 역사 전체에 편입시키고, 이 역사를 다시금 거대한 사이시간으로 규정하였다. 그렇게 되면 현재 이외에는 아무 것도 없게 된다. 기재와 장래가 두 시원에서 규정되지 않는다면 무규정적인 것으로 사라져버릴 수 있다. 다시금 두 시원은 사람들이 그것에 대해 말하고 그것을 규정할 수 있는 한에서만 현재로 드러난다. 두 시원은 현재에서 자신을 은닉하는 것으로 현재에 속하며, 그렇기 때문에 사람들은 다시금 그 자체에 부재로도 있는 현존의 사유에 도달할 수 있다. 이미 『현상학의 근본문제들』-강의에서 제시되었던 이 사유는 역사적 시간이기도 한, 삼중으로 분류된 시간성에 대한 하이데거의 입장과 교차된다. 그 사유는 이처럼 그의 후기 구상에서 새롭게 제시되어야 했다. 시간의 현존-부재-놀이를 두 시원을 바라보는 시각에서 규정해야만 하는 본래의 근거에 대한 물음이 제기되었기 때문이다. 역사의 시간-공간이 그 사이에서 펼쳐져 있는 두 시원은 역사를 위한 교정의 역할(Korrektiv)을 확실하게 수행한다. 두 시원의 방향에서 "자중하며 머무름", 또는 하이데거가 이후에 언급하듯이 기술을 통해 지배되지 않는 기술적 세계와의 관계를 약속하는 "내맡김"(Gelassenheit)이 형성된다(GA 13, 37-74). 바로 하이데거의 이런 논점은 설득력을 가지고 있다. 그럼에도 불구하고 하이데거를 따르려고 할 때 사람들은 어떤 희생을 감수해야 할지를 분명하게 알아야 한다. 다시 말해 사람들은 전체 역사를 퇴락으로, 몰락으로 사유하고 그것을 목적이 없는 이행으로서 이해해야 한다.

물론, 어떤 사람에게는 이 희생이 너무 크게 보일 수 있다. 그렇다고 해서 그 자체에 담겨 있는 부재를 통해 특징지어지는 현존의 사유를 사람들은 포기해서는 안 된다. 이 사유는

삼중으로 분류된 시간의 도식 밖에서도 유지될 수 있다. 경험
으로부터 벗어난다고 해서 모든 것이 기재하는 것, 또는 장래
의 것은 아니다. 이해하려는 모든 시도는 그 이해에 대립하며,
동시에 부재 속에 "현존"하는 것과 충돌한다. 그러나 현존과
부재, 그리고 규정성과 무규정성의 놀이에 대한 하이데거의 중
심적인 통찰이 본질적으로 시간성과 역사의 도식에 연결되어
있지 않다면, 하이데거는 자신이 문제의식을 가지고 제시한 철
학함의 규칙을 스스로 위반하는 것이다. 하이데거와 다르게 사
유하려고 하는 것이 비로소 하이데거를 이해하는 것이다. 한
철학자의 의미에 대해 이것 이상으로는 말할 수 없다.

3판 후기

항상 하이데거에 대한 작업은 완성되어 있지는 않지만 이미 많이 진척된 모자이크를 보는 것과 같다. 출판된 문헌들이 풍부한 상을 제공하고, 계속 새롭게 나오고 있는 전집에 의해 그 상은 점점 더 완성되어 간다. 많은 것들은 이전에 이미 알려졌던 맥락과 직접 연결된다. 어떤 것은 이미 알려진 것에 새롭게 적용되어 새로운 관점을 첨가하거나, 아니면 해명된 것, 즉 기획에 따라 정리된 것을 예상하지 못했던 방식으로 논의하여 놀라움을 선사하기도 한다. 그렇다고 해서 이 입문서를 위해 새로운 수정이 필요할 만큼 근본적으로 새로운 문헌이 출간되지는 않았다. 따라서 나는 가능하다면 보충과 확장을 하지 않았다. 오히려 그러한 작업은 이 책을 너무 방대하게 만들

어 결국 전체를 개관하는 데 도움이 되지 않을 수도 있기 때문
이다.

그러나 몇 가지 내용들은 강독을 통해 보완되었다. 3장
에서 논의한 하이데거와 아리스토텔레스의 대결은 강의『플라
톤 : 소피스테스』(GA 19)를 통해 이번에 훨씬 더 자세하게 다루
었다. 여기에서 하이데거는 실천적 영리함(프로네시스)의 아리
스토텔레스적 구상에 대한 해석을 제시하고, 1922년에 나온
기획초안『아리스토텔레스에 대한 현상학적 해석』에서 해석
했던 것을 자세하게 논의하고 있다. 소피스테스-강의는 그리
스 철학에 대해 가장 자세하게 논의한 문헌이며, 20년대에 다
루었던 그리스 철학에 대한 그의 이해를 알기 위한 열쇠가 된
다. 그뿐만 아니라 그 강의는 하이데거가『존재와 시간』의 계
획을 아리스토텔레스와 플라톤과의 긴장감 있는 대화에서 발
전시켰다는 아주 분명한 증거가 된다.

그의 스승 후설과 하이데거의 관계는 비로소 이때부터
분명하게 드러난다. 1923/24년 겨울학기 첫 번째 마르부르크
강의(GA 17)에서 하이데거는 공개적이고 계획적으로 후설과
대결을 펼친다. 후설의 조교를 그만 둔 이후 하이데거는 후설
의 사유를 프라이부르크 시절보다 훨씬 더 자유롭게 다룰 수
있었다. 하이데거는 그때부터 그의 스승의 철학을 서구 사유의
역사 속에 편입시키고, 후설이 강조한 의식의 지향적 성격(위
참조 19쪽)을 아리스토텔레스에서 이미 앞서 사유되었던 것으

로 발견한다. 이로써 아리스토텔레스는 현상학의 본래적인 창시자의 역할을 떠맡게 되고, 반면 후설의 사유는 의식의 철학으로서 그것에 고유한 근대적인 경계영역에 놓이게 된다. 아리스토텔레스의 『영혼론』에 대한 짧지만 탁월한 해석을 통해 하이데거는 왜 그리스 철학이 의식의 개념 없이 출발했는지를 논의한다. 거기에서 경험작용과 경험된 것은 공속하고 있으며, 본질적인 것은 그 공속성의 개방성이라는 점이 강조되는 반면, "의식"에 대한 언급을 통해 근원적인 경험의 통일성이 파괴되고, 나아가 심지어 경험이 독립적인 것으로 여겨지게 되었다는 사실이 밝혀진다. 하이데거는 경험작용과 경험된 것의 개방된 공속성을 "세계"로서 규정하고, 이런 점에서 아리스토텔레스를 따른다. 그는 이미 1919년(GA 56/57) 강의에서 이미 후설에 대립하여 정당화시키려고 했던 사유가 그리스적 사유의 맥락에서만 적합하게 발전될 수 있다는 것을 보여준다.

이 책에서 나오는 몇 가지 주제들을 나는 그동안 다른 곳에서 이미 상세하게 다룬 바 있다. 그것을 소개하면 다음과 같다.

『존재와 시간』의 해석학 문제에 대해 작업한 논문 : "Wie philosphisch zu verstehen ist. Zur Konzeption des Hermeneutischen bei Heidegger"(철학적으로 이해한다는 것은 어떤 것인가. 하이데거에서 해석학의 구상에 대해), in : Helmuth Vetter (Hg.), *Siebzig Sein und Zeit*(『존재와 시간』 70년), Wiener Tagungen zur Phänomenologie

1997, Frankfurt a. M. 1999.

후기 하이데거 사유의 존재경험에 대한 논문 : "Seinser-fahrung und Übersetzung. Hermeneutische Überlegungen zu Heidegger"(존재경험과 번역. 하이데거의 해석학적 숙고들), in : Emil Angehrn/Bernard Baertschi (Hg.) *Interpretation und Wahrheit*, studia philosophica, Bd. 57, 1998.

『철학에의 기여』에 나오는 "마지막 신"의 신학과 연관된 책 : Für eine Philosophie von Freiheit und Streit(자유와 투쟁의 철학을 위하여), Stuttgart/Weimar 1994.

에른스트 융거와 하이데거의 관계에 대한 두 논문 : "Der metaphysische Charakter der Moderne"(현대의 형이상학적 성격), in : Hans−Harald Müller/Harro Segeberg (Hg.), *Ernst Jürger im 20. Jahrhundert*(20세기에서 에른스트 융거), München 1995 ; "Nochmals über die Linie"(한 번 더 선에 관하여), in : Günter Figal−Heimo Schwilk (Hg.) *Magie der Heiterkeit. Ersnt Jünger zum Hundertsten*(명랑성의 마술. 에른스터 융거 백주년), Stuttgart 1995.

형이상학의 개념에 대한 하이데거 해석에 관한 논문(위 참조 215쪽), "Verwindung der Metaphysik. Heidegger und das metaphysische Denken"(형이상학의 초극. 하이데거와 형이상학적 사유), in : Christoph Jamme (Hg.), *Grundlinie der Vernunftkritik*(이성비판 강요), Fankfurt a. M. 1997. 이 논문에서 나는 현대철학에서 하이데거가 거의 자명할 뿐만 아니라, 심지어 비명시적인 방식

으로도 건재하고 있다는 것을 제시하려고 하였다. "후기 형이
상학적 사유"(J. Habermas)의 철학적 계획은 본질적으로 하이데
거로 소급된다. 그러나 철학적 전통과 하이데거의 관계는 복잡
하기 때문에 그를 단순하게 "후기 형이상학적" 사유자로 손꼽
아서는 안 된다. 현대 사유의 가능성을 전통과의 관계에서 해
명하려고 할 때 사람들은 더 많이 하이데거를 제시할 필요성을
느낀다.

귄터 피갈

역자 해설 및 후기

　　이 책의 저자 귄터 피갈(Günter Figal)은 그의 책『마르틴 하이데거. 자유의 현상학』(*Martin Heidegger. Phänomenologie der Freiheit*, 3. Aufl. Weinheim 2000)으로 우리에게 잘 알려져 있으며, 현재 프라이부르크 대학 철학 교수와 독일 하이데거 학회 회장을 맡고 있는 저명한 하이데거 연구자이다. 이 책은 이미 수차례의 개정판[1]이 나올 정도로 많은 하이데거 독자들에게 읽혀지고 있으며, 중요한 문헌으로 자주 인용되고 있다. 독일 유니우스 출판사의 기획에 따라 주요 사상가들을 위한 입문서 시리즈

1] 현재 이 입문서는 5판(2007)까지 출판되었다. 번역서는 3판(1999)을 사용하였다.

중 하나로 출판된 이 책은 이미 알려진 내용들을 간단히 정리하여 쉽게 읽을 수 있도록 제공되는 일반적인 입문서와는 다르다. 이 하이데거 입문서는 하이데거 철학의 주요 흐름들과 개념들에 대한 저자의 독특한 해석을 담고 있기 때문에 하이데거를 어느 정도 아는 독자들에게도 낯설고 어렵게 여겨질 수도 있지만 그만큼 새롭게 읽혀질 수 있는 책이기도 하다. 그럼에도 불구하고 저자는 입문서를 위한 본래적 취지를 살리기 위해서 다양한 관점들과 세세한 내용들을 포기하면서까지 하이데거의 철학 전체를 하나의 통일적인 관점을 통해 압축적으로 독자들에게 전달하려고 노력한다.

책 전체를 관통하고 있는 저자의 중심적 관점은 다름 아닌 하이데거의 "시간철학"(Zeitphilosophie)이다. 잘 알려져 있듯이 하이데거가 철학의 고유한 과제로서 부여한 유일하고도 고유한 근본물음은 존재물음이다. 그는 전 생애에 걸쳐 오로지 존재물음을 통해 존재 일반의 의미를 탐구하기 위한 길만을 걸어갔던 사유자이다. 전통철학과 근본적으로 구별되는 탁월한 그의 철학적 작업은 존재의미를 시간의 지평에서 이해하려고 시도한 것이다. 사실상 전통 형이상학은 존재를 시간적 계기에서 경험해 왔음에도 불구하고 존재가 시간에서 사유되고 있다는 것을 알지 못했으며, 그 시간도 시간의 한 계기로서 현재, 즉 영원하며 지속적인 항상적 현재에 제한하였고, 그로 인해 항상-존재, 현재-존재만을 본질적인 존재의 의미로만 간주하게 되었다. 이에 대해 하이데거는 시간-역사적 근본계기를 통해 존재를 사유하고 해명하는 독자적인 철학을 주창하고, 이러한 입장을—전회를 포함한—그의 사유-길 전체에서 견지하였다. 그 근본계기는 과거-현재-미래의 삼중적인 계기가 탈자적으로 통일된 시간의 지평, 그리고 존재시성과 존재역사적 사건에 대한 사유로 전개된다. 그리고 바로 이러한 관점에서 철학사 전체에 대한 그의 비판과 해체의 작업, 그리고 철학자들과의 대결이 수행된다.

　　이 책에서 저자는 이러한 근본계기의 발생과 발전과정을 하이데거의 사유에서 추적하고, 거기에서 전개되는 철학의 고유한 내용과 독특한 개념들을 치밀한 연관 속에서 드러내고 있다. 그 시도는 청년 하이데거가 그의 교수자격 논문에서 주체의 문제를 단순히 인식론적 범주가 아니라 철학과 역사의 관계에서 다루고 있다는 점을 강조하는 것으로부터 시작된다. 여기에서 주체는 더 이상 대상과 연관된 보편적인 "순수 사유기능"이 아니라, "의미를 충전하고 의미를 현실화시키는 살아 있는" 개별적인 활동으로 여겨지며, 현재를 목적과 완성으로 여기지 않고 "부단히 성숙해 가는 충만함"을 간직한 정신의 역사적 전개로 파악된다. 저자는 이러한 초기 하이데거의 사유에서 철학의 "근본구조"를 "살아 있는 정신"으로 파악하는 헤겔의 사유와 "행동의 유일성과 개별성"을 강조하는 키에르케고르의 정신이—일반적으로 두 철학이 대립되는 것으로 여겨짐에도 불구하고—서로 교묘하게 연결되어 있다는 것을 간파한다.

철학과 역사에 대한 하이데거의 관심은 계속해서 현재
의 철학함과 전통과의 관계에 대한 문제로 연결된다. 이와 관
련하여 하이데거는 현재의 철학함에 항상 그림자처럼 전수되
고 있는 개념들의 시원을 밝히기 위해 그리스 철학이 체계적으
로 종합된 아리스토텔레스에게 되묻는 기획을 준비한다. 그 작
업의 일환으로 준비된 것이 저자가 이 책에서 자주 인용하는
"아리스토텔레스–기획초안"이다. 이 초안은 이후에 전개되는
하이데거의 사유에 결정적으로 중요한 준거틀이 되는 자료로
서 평가된다. 여기에서 수행된 아리스토텔레스의 해석을 통해
하이데거는 현재의 해석학적 상황과 연관된 "인간과 삶의 현
존재에 대한 이념"을 이끌어낸다. 그는 아리스토텔레스의 철
학에서 제시된 프로네시스와 소피아에 대한 규정들에서 삶의
운동성을 통찰하고, 이것을 자신의 철학을 위한 "새로운 근본
단초"로서 간주한다. 삶의 운동성이야말로 전통을 벗어나 현
존재의 철학함을 가능하게 하는 중요한 계기가 된다. 이러한
통찰로부터 철학함은 어떤 상태가 아니라 삶의 수행방식이라
는 고유한 하이데거의 철학적 규정이 성립된다.

기획초안에서 삶의 구조에 대한 규정들로서 제시된 현
존재의 "근본 운동성"은 역사인식과 연결되면서 "현사실성의
현상학적 해석학"으로 발전한다. 여기에서 "현사실성"의 개념
은 그때마다의 상황, 그때마다 규정된 고유한 삶의 시간을 나

타낸다. 다시 말해 우리 현존재는 우선 "존재" 하고, 그 다음에 규정된 시간 속에 존재하는 것이 아니라, 오히려 규정된 시간이 우리의 존재를 먼저 형성한다. "현사실성"은 시간적 관점 속에 있는 고유한 삶의 특수성을 지시하는 것이며, 이 특수성은 더 이상 그 배후를 제시할 수 없는 것을 의미한다. "현존재"는 "거기-곁에-있음", "현존함"과 동시에 "자기 곁에 있지 않다"는 사실성, 자기로부터의 도주 또는 퇴락"을 포함한 운동성으로 파악된다. 이러한 현사실성의 두 "근본 운동성"은 어떤 삶의 상태에 대한 설명이 아닌 해석학적 접근을 통해서만 명시될 수 있다.

현사실성의 해석학은 아리스토텔레스의 해체를 통해 "현존재의 기초분석"으로 전환된다. 이 전환은 바로 소피아와 프로네시스의 우위의 문제에서 비롯한다. 하이데거는 아리스토텔레스와 달리 구체적인 숙고와 행위의 결단으로서 프로네시스에 우위를 둔다. 그는 프로네시스를 인간적 삶의 이해, 나아가 『존재와 시간』에서 "존재이해"와 동일한 것으로 여긴다. 프로네시스의 우위에 기초한 그의 삶의 해석은 철학의 규정을 더 이상 이전에 그가 착안했던 아리스토텔레스의 시원이 아니라 일상적 "존재이해"의 시원에서 발견하게 한다. 하이데거의 독자적인 프로네시스 해석은 비철학적 또는 "존재론 이전의" 현존재에 대한 분석 이외에 다른 것이 아니며, 이것은 이제 철학의 가능성이 존재론 이전의 현존재의 "존재이해"에 기초하게 되었음을 뜻한다. 존재론 이전의 현존재가 더 근원적인 존재이해를 가지고 있는 한, 현존재에 대한 존재론적 분석을 하이데거는 기초존재론(Fundamentalontologie)이라고 칭한다. 기초존재론이란 분석의 수행 그 자체가 현존재에 정초하고 있다는 뜻인 동시에 현존재의 존재이해가 자신의 존재 및 비현존재적인 존재자와 관계하는 한, 그 분석이 영역적인 존재자를 위한 학문과 존재자 전체를 위한 철학 일반의 근거를 해명한다는 것을 뜻한다. 이런 점에서 볼 때 아리스토텔레스 이후 지금까지 철학이 존재자의 보편성, 존재자의 본질, 즉—하이데거가 말하는—"존재자성"에서 그의 고유한 규정을 획득하고 있다면, 하이데거에서 철학은 그것이 수행되는 현존재의 기초구조로부터 이해되고 있다. 따라서 현존재 분석은 모든 철학의 기초를 발견함과 함께 동시에 철학 그 자체를 명확하게 제시하는 존재론의 성격을 가진다.

　　그러나 이렇게 실천적 앎에서 철학적 기초를 이끌어낸 하이데거의 주저 『존재와 시간』은 체계적 관점과 영향사적으로 풍부한 내용을 가지고 있음에도 불구하고 미완성으로 끝날 수밖에 없었다. 흥미로운 것은 이 책의 미완성에 관한 저자의 해명이다. 저자는 『존재와 시간』이 성립될 수 있었던 근거가 바로 이 책을 중단할 수밖에 없게 한 이유라고 지적한다. 그는 하이데거가 비철학적 현존재의 분석을 통해서는 철학을 개념적으로 충분하게 제시할 수 없다는 판단에 도달한 것으로 여긴

다. 전승되어 온 철학의 해체를 계획한 『존재와 시간』의 2부가
출판될 수 없었던 것도 현존재의 시원을 다룬 1부에 근거해서
는 그 부분을 제대로 수행할 수 없을 것이라는 판단 때문이라
는 것이다. 저자는 이후 이 책과 연관된 『현상학의 근본문제
들』–강의에서 하이데거가 의도적으로 일상적 시간이해와 구
별되는 시간에 대한 철학적 개념을 제시하고 있다는 것을 그에
대한 논거로서 제시한다.

　　『존재와 시간』에 대한 해석에서 독자들은 저자의 탁월
한 "자유의 현상학"에 접할 수 있다. 일반적으로 『존재와 시
간』 이후에―『진리의 본질에 관하여』에서―논의되는 자유
개념을 피갈은 독특하게 현존재 분석에서 이끌어낸다. 현존재
와 세계의 공속성을 나타내는 세계–내–존재를 그는 자유의
관점에서 해명한다. 우리가 그 안에서 규정된 방식으로 존재할
수 있고, 사물들과의 친근함 속에서 개별적이며 구체적인 연관
들을 포괄하고 있는 "세계"는 "자유공간"이다. 세계는 사물들
과의 교섭을 위한 다양한 행위의 가능성들을 준비해 놓고 있으
며, 우리는 그때마다 이 가능성들 중 하나를 포착하면서 존재
한다. 세계는 항상 우리가 현실적으로 교섭하는 것과 함께 끊
임없이 형성되어 가는 지평이다. 그리고 우리가 실현하는 것보
다 훨씬 더 많은 가능성들을 간직하고 있는 것이 이 세계이다.
우리가 주제적으로 관심을 가진 규정된 것과 함께 경험하는 이
자유공간은 불확정적이고 비명시적이다. 이것은 세계 안에 존

재하는 우리의 규정성이 무규정성과 함께 작동하고 있다는 것을 의미한다. 이 세계의 무규정성은 또한 우리 자신의 무규정성이기도 하다. 우리의 자유는 바로 이러한 세계의 무규정성에서 형성된다. 이런 점에서 피갈은 하이데거의 자유개념이 행위의 자유(아리스토텔레스)와 의지의 자유(칸트)보다 더 상위에 있으면서도, 이러한 자유들의 존재론적인 근거가 되고 있음을 보여준다.

다른 한편, 우리의 행위는 항상 세계연관에서 수행된다. 우리의 행위 가능성은 항상 이미 확정되어 있다. 존재하고 행위할 수 있는 규정된 가능성들이 앞서 각인되어 있는 세계, 즉 공동세계에 우리는 살고 있다. 이 세계는 우리를 다양한 양자택일적 상황, 즉 이미 현실화된 관계로 향하게 하는 규정성의 영역이며, 부자유함(Unfreiheit)의 영역이다. 모든 일상적인 결심은 이미 앞서 제시된 통로와 규정된 운동의 틀 속에서 행해진다. 공동세계의 앞선 규정, 즉 부자유함은 특정한 인물들에 발생하기보다는 그 고유한 방식에 있어서 익명적이다. 저자는 이러한 맥락에서 하이데거의 "일상인"(das Man)에 대한 분석을 해명한다.

이 자유의 현상학을 피갈은 플라톤의 동굴 비유에 대한 하이데거의 해석에서 보다 구체적으로 다루고 있다. 여기에서 자유는 존재의 빛에 구속된 관계에서 심화된다. 저자는 동굴비유에서 전개되는 개방성, 즉 자유의 과정을 하이데거가 자연과학, 역사, 예술, 나아가 철학으로 향하는 학문의 발전과 연결시키고 있다는 것에 주목한다. 이 과정에서 철학은 다른 자유의 단계들을 넘어설 뿐만 아니라, 자유의 최고 단계로서 존재의 빛에 가장 잘 상응하는 "존재기투"의 형식으로 규명된다. 다른 단계들은 철학 없이 유지될 수 없으며, 철학을 통해 잘못된 규정으로부터 보호되어야 한다. 특히 피갈은 이와 관련하여 예술과 철학의 관계를 강조한다. 철학을 통해 예술은 미학적 문제로서 파악되거나 "향유"로서 규정되는 것을 거부할 수 있기 때문이다. 철학이 "근원적으로" 수행될 때 비로소 예술로 접근하는 통로도 개방된다. 이러한 예술과 철학의 관계는 후기 그의 시론과 기술철학에서 더 구체화된다.

무엇보다도 저자는 존재기투로서 수행되는 철학이 시간을 발생시킨다는 것을 강하게 부각시킨다. 시간을 발생시키는 존재기투는 "그의 시간"을 가진다. 다시 말해 철학은 시간의 근본사건과 연관되어 있으며, 자신의 고유한 시간을 가진다. 여기에서도 하이데거의 시간철학에 대한 저자의 관점이 분명하게 드러나고 있다. 이 시간은 역사학적으로 계산 가능한 연대기적 의미를 가진 것이 아니다. 오히려 존재기투를 역사학적 고찰에 종속시키는 한, 철학의 시간은 사라져 버린다. 시간 자체의 사건은 현존재로 하여금 근원적인 개방성에 머물 수 있게 한다. 이 개방성, 즉 존재에 의해 기투된 가능공간이 바로 세계이다. 그러나 존재기투로서의 철학은 본질적으로 "해방의 성격"을 가지고 있지만 그것을 상실할 수도 있다.

　　바로 이 지점에서 피갈은 하이데거의 정치적 개입, 즉 그의 나치 관련설과 관련된 문제를 다룬다. 저자는 국가사회주의에 하이데거가 동조하게 된 계기를 역사적·시대적 맥락에서 뿐만 아니라 무엇보다도 『존재와 시간』 이후 전개된 하이데거의 철학에서 찾아내려고 한다. 여기에서 저자는 하이데거가 당시의 정치적 봉기에서 일차적으로 발견하려고 한 것이 다름 아닌 현존재에서 일어나는 근본사건, 즉 "형이상학"을 배경으로 한 "서구 역사에서 독일인의 소명"이었으며, 따라서 하이데거에게 국가사회주의는 하나의 정치적 사건이라기보다는 "역사의 절박함"과 관련된 존재기투로 이해되고 있었다는 것을 밝혀낸다. 나아가 저자는 하이데거가 당시의 봉기에 매료되었지만 그 봉기를 존재기투에서 이해되고 있는 한, 그것의 찬란함과 위대함에 매몰되지 않았으며, 그 봉기의 비본래성에 대한 우려도 함께 하고 있었다는 것을 강조한다. 이에 따르면 하이데거는 그러한 정치적 사건이 철저히 "진정한 프락시스의 최고 실현"을 추구하는 철학에 의해 인도되어야 하며, 그렇지 않을 경우 실패할 위험 속에 있다는 것을 통찰하고 있었다는 것이다.

　　저자는 철학과 정치를 존재역사적 운명 속에서 철저히 결부시키려고 했던 하이데거의 의도가 계속해서 대학의 주체적인 역할을 강조하는 대학 개혁, 즉 독일 대학의 자기 주장으로 발전하고 있다고 여긴다. 여기에서 철학은 국가를 위해 대학이 해야 할 지도적 역할과 연결된다. 대학의 자기 주장이란 대학이 정치에 종속되어서도 고립되어서도 안 되며, 오히려 정치로부터 철학과 학문의 장소가 될 것을 요구받고 있음을 느끼고 이에 대해 자발적으로 정치에 요구하는 것을 의미한다. 정치와 철학이 상호적으로 요구할 수 있는 장소가 바로 대학이기 때문이다. 이런 관점에서 볼 때 저자는 당시의 정치적 봉기에 대한 하이데거의 개입이 철학을 존재기투, 즉 시간의 사건으로 이해하는 그의 입장과 그러한 지식의 봉사를 담당하는 대학에 대한 역할 기대에서 발로된 것임을 시사해 줌으로써 철학자를 변명하고 있다.

　　오랫동안 염원했던 대학의 개혁과 그것을 위한 철학적·정치적 계획이 실패로 돌아간 상황에 직면하여 하이데거가 선택한 길은 어떤 것인가? 저자는 당면한 상황을 돌파하기 위해 새로운 것을 찾아 나선 하이데거의 방향전환, 그의 새로운 철학적 동기에 주목한다. 그 동기는 다름 아닌 예술에 관한 집중적인 작업, 특히 횔덜린의 시 해석이었다. 저자는 하이데거의 횔덜린 강의들에서 역사의 본래성을 새롭게 회복하려는 하이데거의 의도를 부각시킨다. 여기에서 저자는 사유하는 자, 하이데거를 "떠나버린 신들과 다가오는 신"의 시인, 신이 없는 "척박한" 시대의 시인, 사이시간(Zwischenzeit) 속에서 현재를 감당하고 있는 시인 횔덜린과 대비시키고 있다. 하이데거에게 횔덜

린은 시짓기를 통해 바야흐로 무엇이 이루어지고 있는지에 대
한 존재역사적 운명을 전달해 주는 사자로서 등장한다. 하이데
거는 횔덜린의 시 해석을 통해 당면한 현재의 시대적 상황을
폭로하고 있는 것이다. 여기에서도 줄기차게 그의 사유가 견지
하고 있는 시간의 철학이 작동하고 있다. 이 시간은 이중적 방
식으로 일어나는 "시간–공간"이다. 먼저 『존재와 시간』에서 시
간이 현존재의 개방성을 형성했다고 한다면 여기에서 시간은
신들과의 관계를 통해 역사적 개방성으로 드러난다. 시간은 신
들의 기재, 신들이 도주한 현재, 나아가 다가올 신들이 유보된
장래로 제시된다. 기재하는 신들과 유보된 신들은 부재하는 것
으로서 현존하고 있다. 여기에서 시간은 현존과 부재의 상호작
용을 의미한다. 『존재와 시간』에서 "순간"이 세 탈자태가 질적
으로 통일되는 본래적 현재를 의미했다고 한다면, 여기에서 현
존(Praesenz)은 현존성과 부재성을 포함하는 시간 일반의 근본
특징으로서 제시된다. 현존과 부재의 상호작용으로서 시간은
생기(生起), 즉 "일어남"(Geschehen)을 의미하며, 이 상호작용은
다름 아닌 존재사건, 즉 존재의 "고유화"(Ereignis)를 의미한다.
이 존재의 고유화가 스스로 은닉하는 "존재"(Seyn)의 개방성
자체, 즉 "존재진리"이다.

　　계속해서 피갈은 횔덜린을 통한 하이데거의 시대 진단
을 그의 후기 주저로 일컬어지는 『철학에의 기여』에서 인용된
에른스트 윙거의 저작들과 연결시켜 보다 생생하게 해명해 주

고 있다. 여기에서 엄청난 노동과 에너지의 동원으로 인해 새로운 질서가 형성되고 있다고 지적하는 융거의 시대 진단은 하이데거의 존재역사적 관점에서 재해석된다. 융거에게서 모든 삶의 관계에서 심각한 변화를 일으키는 징후가 과학과 기술, 산업국가의 "총동원"에서 파악되고 있다면, 하이데거에게서 그러한 징후는 니힐리즘의 형식들로서 규명된다. 존재망각과 존재이탈의 결과로서 발생한 이러한 현재의 니힐리즘적 상황을 하이데거는 두 시원, 즉 기재하는 시원과 장래의 시원 "사이"에서 몰락과 과도기적 이행에서 드러나는 존재역사로서 경험한다. 그에게서 서구 역사의 시간–공간은 두 시원 사이의 존재역사 속에 논구(erörtern, 자리매김)된다.

　　　이러한 현재에 대한 진단을 저자는 하이데거의 기술철학과 직접 연결시킨다. 현대 기술은 존재역사적 시간–공간에서 현재를 지배하고 있는 존재의 사건이다. 하이데거는 현대 기술의 본질을 도발적 요구하며, 아무런 목적도 없이 세계 지배와 자연착취의 힘의 의지를 의미하는 "몰아–세움"(Ge–stell)으로 규정한다. 이와 연관하여 피갈은 하이데거 "사유"가 윤리적으로 적용될 수 있는 가능성을 시사한다. 이에 따르면 철학의 분과로서 윤리학은 하이데거에게서 거부되는 것이지만 윤리학의 본질적 사태는 그의 사유에 그대로 간직되어 있다는 것이다. 이때 윤리적 사태는 행위와 실천의 문제가 아니라 존재역사에 대한 뜻새김(Besinnung)을 의미한다. 이 뜻새김을 통해 인

간은 맹목적인 니힐리즘적 역학에 편승하여 만용을 부릴 것이
아니라, 현재의 사이시간적 성격을 받아들이고 자중하며 초연
하게 내맡기는 태도를 요청받는다. 하이데거는 오늘날 지배적
주체로 군림한 기술의 맹위가 스스로 잦아들고 언젠가 기술의
본질이 현성할 다른 가능성을 기다릴 것을 현대인에게 요구하
고 있는 것이다. "그러나 위험이 있는 곳에/구원자도 자라난
다"는—하이데거가 인용하는—횔덜린의 『파트모스』에서 나
오는 시구처럼 존재의 역사적 시간-공간에서 회복될 수 있는
가능성이 현재의 시간에 간직되어 있기 때문이다.

　　흥미로운 것은 이러한 시대적 상황에서 예술이 할 수
있는 역할에 대한 피갈의 해석이다. 그는 이전에 역사적 시간-
공간을 형성했던 예술의 역할이 기술의 시대에서 그 "신뢰"를
상실해 가고 있으며, "새롭게 일깨우고, 건립하는 예술"의 가
능성이 의심받고 있다고 지적한다. 그럼에도 불구하고 저자는
기술의 본질은 기술적인 것이 아니기 때문에 기술에 대한 본질
적 성찰과 그것과의 결정적인 대결이 하나의 영역에서 일어나
야 한다면 그 영역은 다름 아닌 기술의 본질과 연관된 예술이
라고 말한다. 예술철학과 기술철학의 연관 속에 제시되는 하이
데거의 시대 진단과 미래 예견을 저자는 오늘날 기술문제를 제
대로 볼 수 있는 결정적인 혜안으로 제시한다. 저자는 기술의
문제에 대한 정책과 통제는 결국 기술에 반응할 뿐이며, 기술
적 사유에 사로잡혀 있을 수밖에 없는 한, 근본적인 문제해결

을 위해서는 현재의 세계를 존재역사적 차원에서 통찰하는 하이데거의 철학이야말로 현실적으로 적용될 수 있는 시대 진단이라고 평가한다.

　　피갈의 독특한 하이데거 해석은 그의 결론에서도 드러난다. 그는 하이데거의 철학적 발전과정을 다시 본래의 자기에게로 되돌아가는 회귀적 순환으로 정리해 준다. "신을 내면화"하려고 했던 철학의 계획은 신에 대한 철학적 "저항"의 길을 통과하여 유보된 장래의 신을 기다리는 사유로 회귀하며, 성숙해 가는 주체의 고유한 "살아 있는 정신"은 비본래성과 본래성, 몰락과 이행, 규정성과 무규정성의 역동성을 가진 실존론적 자기화의 과정을 거쳐—하이데거 자신조차 철학과 정치 사이에서 이러한 과정을 체험하면서—존재의 사건, 존재의 고유화에 참여하는 사유로 회귀하며, 초기 역사철학적 관심은 실존론적 시간성에서 전개되는 기초존재론을 거쳐 철학을 서구의 이행 역사로서, 서구를 철학의 이행 역사로서 경험하는 존재역사적 사유로 회귀한다. 여기에서 회귀적 순환이란 시원과 끝이 계속해서 하나의 사태를 핵심으로 전개되며, 그 끝이 시원에서 벗어나는 것이 아니라 단지 다르게 되어 자기 자신에게 도달하는 원형운동을 말한다. 저자는 이러한 회귀적 순환을 통해 하이데거의 전·후기 사유가 동일한 사태(die selbe Sache)를 연속적으로 추구했다는 것을 보여주려고 하는 것이다.

***

역자는 피갈의 이 입문서가 하이데거 철학을 공부하는
데 여러 면에서 유익할 것으로 여겨져 그동안 대학원 학생들과
강독했던 것을 정리하여 이번에 출판하게 되었다. 먼저 이 입
문서는 하이데거의 철학적 고민을 통해 독자 자신의 철학함을
작동시킬 수 있는 좋은 매개가 될 수 있다고 생각된다. 하이데
거 자신이 『철학입문』 강의(1928/29)에서 "입문"이란 어디 안
으로, 즉 철학 안으로 들어가는 것이 아니라 "이미 현존재 안에
있는 철학함을 작동시키는 것"이라고 한 것처럼, 이 책의 저자
는 하이데거의 철학이 원만하게 형성된 것이 아니라 그의 말대
로 "부단한 실험"의 과정이었음을 의도적으로 보여줌으로써
독자들이 이러한 하이데거의 철학적 실험에 직접 동참하도록
유도하고 있다. 미완성에 그치기도 하고, 수차의 뒤집기와 헤
매기를 거쳐 다시 새롭게 출발하고, 개념을 바꾸거나 도입한
개념조차 새로운 의미로 적용해 가는 하이데거의 저작들과 강
의들이 은연중에 치밀한 문헌학적 · 역사학적 접근을 통해 연
결되어 있어 독자들은 자연스럽게 논의를 따라가면서 어느덧
하이데거의 사유-길 전체를 개관할 수 있으며, 사유-길의 간
이역에서 전개되는 주요한 개념들과 사유내용을 이해할 수 있
게 된다. 따라서 독자들은 하이데거가 어떤 일관성을 가지고
자신의 문제를 이끌어 갔으며, 해결의 시도가 불만족스러울 때
다른 사유를 위해 무엇을 준비했는지 알기 위해 하이데거가 완
성하지 못한 철학의 파편들과 새로운 도약을 준비하는 갈라진

틈새에 보다 깊은 관심을 가지고 읽어야 할 것이다. 또한 우리의 관심을 끄는 것은 입문서의 짧은 지면 사정을 고려하여 고도로 자제하고 있으면서도 저자는 그동안 많이 다루어지지 않은 다른 철학들과의 대결을 논의의 맥락에 따라서 제시하고 있다. 이 책에서 다루어지고 있는 아리스토텔레스, 플라톤, 헤겔, 키에르케고르, 횔덜린과 니체, 에른스트 융거에 대한 논의는 새롭게 조명될 가치가 있는 것으로 보인다. 특히 고대 철학에 능통한 학자로서 저자는 아리스토텔레스에 대한 초기 하이데거의 입장 변화를 강조하고 있다. 하이데거에게 아리스토텔레스는 철학의 시원이며, 현상학의 원조임과 동시에 자신의 고유한 철학을 위해 해체의 주요 인물이기 때문이다. 이런 맥락에서 그리스 철학에 대한 고찰 없이 하이데거를 이해하려는 모든 시도는 헛된 것이라고 말할 정도로 저자는 아리스토텔레스와의 대결을 중시하고 있다.

무엇보다도 이 입문서가 높이 평가될 수 있는 점은 저자가 문헌목록에서 밝히고 있듯이 주로 최근 발굴된 하이데거의 초안들과 강연들, 그리고 새로 출판된 강의들, 나아가 관련된 이차문헌을 사용하고 있다는 데 있다. 최근 국외의 하이데거 연구에서 "새롭게 읽혀지는 하이데거"(Heidegger–neu gelesen)라는 슬로건이 주창되고 있듯이 저자는 이 입문서에서 그동안 빛을 보지 못했던 초기 하이데거의 학술적 작업들, 1919년 전시학기부터 시작하는 초기 프라이부르크 대학의 강의록과 강연들, 그리고 초안들—특히 이 책에서는 아리스토텔레스—초안—을 집중적으로 다루고 있으며, 이를 통해 하이데거 연구의 최근 동향을 알리고 하이데거에 대한 새로운 시각을 제시하려고 부단히 노력하고 있다. 이런 점에서 이 입문서는 국내 하이데거 연구에도 많은 도움이 될 것으로 여겨진다.

　　매번 하이데거 관련 저서들을 번역하면서 느끼듯이 이 번역서 역시 만족스럽지 못한 미흡한 상태이지만 아무쪼록 하이데거 철학에 관심 있는 독자들에게 조금이나마 도움이 되면 좋겠다는 선의의 욕심에서 세상에 내놓는다. 충분한 해설과 역주를 하지 못해 아쉽지만 번역의 한계를 넘어서려는 수고를 독자들에게 부탁할 수밖에 없을 것 같다. 끝으로 인문학 서적 출판이 어려운 상황임에도 불구하고 독일 출판사와 단독계약을 맺고 계속해서 이 입문서 시리즈를 출간하고 있는 인간사랑 출판사에 격려를 보낸다. 앞으로도 이 시리즈들이 계속 번역되어 나온다면 관련 분야에 많은 기여를 할 것으로 여겨진다. 이 책을 엮어내는 일에 수고해 주신 출판사의 모든 분께 감사를 드리며, 아울러 이 책을 함께 강독하며 번역문을 정리하고 교정해 준 대학원 학생들에게 고마운 마음을 전한다.

2008년 겨울

김재철

참고문헌

1. 하이데거의 저작

a) 하이데거의 『전집』(*Gesamtausgabe*)은 1975년 이후 프랑크푸르트
에 있는 출판사 비토리오 클로스터만(Verlag Vittorio Klostermann)
에서 출간되고 있다. 전집의 1부 전체는 직접 하이데거에 의해
출판된 책이며, 2부는 강의로 구성되어 있다. 3부는 지금까지
출판되지 않은 글들을 내용으로 하고 있으며, 4부는 여러 기록
들로 편성되어 있다. 출판된 저서들 중에는 단행본으로 되어 있
는 책들도 있다.

이 책에서 인용되거나 제시된 전집은 다음과 같다.

GA 1   Frühe Schriften, hrsg. von F.-W. von Herrmann, Frankfurt
            a. M. 1978.

GA 2   Sein und Zeit, hrsg. von F.-W. von Herrmann, Frankfurt

a. M. 1976.

GA 3   Kant und das Problem der Metaphysik, hrsg. von F. −W.
          von Herrmann, Frankfurt a. M. 1991.

GA 4   Erläuterungen zu Hölderlins Dichtung, hrsg. von F. −W.
          von Herrmann, Frankfurt a. M. 1981.

GA 5   Holzwege, hrsg. von F. −W. von Herrmann, Frankfurt a.
          M. 1977.

GA 9   Wegmarken, hrsg. von F. −W. von Herrmann, Frankfurt a.
          M. 1976.

GA 13   Aus der Erfahrung des Denkens, hrsg. von H. Heideggers,
          Frankfurt a. M. 1983.

GA 17   Einführung in die phänomenologische Forschung, hrsg. von
          F. −W. von Herrmann, Frankfurt a. M. 1994.

GA 19   Platon : Sophistes, hrsg. von I. Schüßler, Frankfurt a. M.
          1992.

GA 20   Prolegomena zur Geschichte des Zeitbegriffs, hrsg. von P.
          Jaeger, Frankfurt a. M. 1976.

GA 24   Die Grundprobleme der Phänomenologie, hrsg. von F. −W.
          von Herrmann, Frankfurt a. M. 1975.

GA 26   Metaphysische Anfangsgründe der Logik im Ausgang von
          Leibniz, hrsg. von K. Held, Frankfurt a. M. 1978.

GA 29/30 Die Grundbegriffe der Metaphysik. Welt−Endlichkeit−
          Einsamkeit, hrsg. von F. −W. von Herrmann, Frankfurt a.
          M. 1983.

GA 33   Aristoteles, Metaphysik θ 1−3. Von Wesen und Wirklichkeit
          der Kraft, hrsg. von H. Hüni, Frankfurt a. M. 1981.

GA 34   Vom Wesen der Wahrheit. Zu Platons Höhlengleichnis und
          Theätet, hrsg. von H. Mörchen, Frankfurt a. M. 1988.

GA 39   Hölderlins Hymnen "Germanien" und "Der Rhein", hrsg.

	von S. Ziegler, Frankfurt a. M. 1980.
GA 40	Einführung in die Metaphysik, hrsg. von P. Jaeger, Frankfurt a. M. 1983.
GA 43	Nietzsche : Der Wille zur Macht als Kunst, hrsg. von B. Heimbüchel, Frankfurt a. M. 1985.
GA 54	Parmenides, hrsg. von M.S. Frings, Frankfurt a. M. 1982.
GA 56/57	Zur Bestimmung der Philosophie, hrsg. von B. Heimbüchel, Frankfurt a. M. 1987.
GA 61	Phähomenologische Interpretationen zu Aristoteles. Einführung in die phänomenologische Forschung, hrsg. von W. Bröcker/K. Bröcker−Oltmanns, Frankfurt a. M. 1985.
GA 63	Ontologie (Hermeneutik der Faktizität), hrsg. von K. Bröcker− Oltmanns, Frankfurt a. M. 1988.
GA 65	Beiträge zur Philosophie (Vom Ereignis), hrsg. von F. −W. von Herrmann, Frankfurt a. M. 1989.

b) (아직) 전집으로 출판되지 않은 책(본문에서는 약술기호로 인용하거나 책 제목으로 표기함)

VA	Vorträge und Aufsätze, Pfullingen 1954.
SD	Zur Sache des Denkens, Tübingen 1976.
SddU	Die Selbstbehauptung der deutschen Universität. Rede, gehalten bei der feierlichen Übernahme des Rektorats der Universität Freiburg i. Br. am 27. 5. 1933. Das Rektorat 1933/34. Tatsachen und Gedanken, Frankfurt a. M. 1983.
PA	Phänomenologische Interpretationen zu Aristoteles (Anzeige der hermeneutischen Situation), hrsg. von H.−U. Lessing, in : Dilthey−Jahrbuch für Philosophie und Geisteswissenschaften, hrsg. von F. Rodi, Bd. 6, Göttingen 1989, 237−269.

Der Satz vom Grund, Pfullingen 1957.

Identität und Differenz, Pfullingen 1957.

Nietzsche. Zwei Bände, Pfullingen 1961.

Was heißt Denken?, Tübingen 1971.

Zollikoner Seminare. Protokolle-Gespräche-Briefe, hrsg. von M. Boss,
　　　　Frankfurt a. M. 1987.

c) 편지

HBBr　　　Martin Heidegger-Elisabeth Blochmann, Briefwechsel
　　　　　1918-1969, hrsg. von J. W. Storck, Marbach am Neckar
　　　　　1989.

HJBr　　　Martin Heidegger-Karl Jaspers, Briefwechsel 1920-1963,
　　　　　hrsg. von W. Biemel/H. Saner, Frankfurt a. M./München/
　　　　　Zürich 1990.

2. 하이데거에 관한 참고문헌

　　대부분의 하이데거 강의가 전집으로 출판되었음에도 불구하고
불충분한 문헌에 근거하여 해석된 이전의 글들이 아직 많은 실정
이다. 그 때문에 아래의 참고문헌은 무엇보다 최근의 것들로 수록
되었다. 이전의 글들은 이후에 나온 하이데거의 문헌이 담고 있는
특별한 문제의식을 다루고 있지 못하거나, 영향사적 관점에서 볼
때 하이데거의 사유가 거쳐가는 중요한 단계들을 놓치고 있다.

a) 문헌목록

R. A. Bast/H. Delfosse, Handbuch zum Textstudium von Martin

Heide−gers "Sein und Zeit", Bd. 1, Stuttgart−Bad Canstatt 1979.

H. Feick, Index zu Heideggers "Sein und Zeit", Tübingen 1968 ; 4. Aufl.
　　1991.

H. M. Sass, Heidegger−Bibliographie, Meisenheim am Glan 1968.

H. M. Sass., Martin Heidegger. Bibliography and Glossary, Bowling
　　Green (Ohio) 1982.

H. M. Sass. (Hg.), Materialien zur Heidegger−Bibliographie 1917−1972,
　　Meisenheim am Glan 1975.

b) 전기

E. Ettinger, Hannah Arendt−Martin Heidegger. Eine Geschichte, Mün−
　　chen 1994.

G. Neske (Hg.), Erinnerung an Martin Heidegger, Pfullingen 1977.

G. Neske/E. Kettering (Hg.), Antwort. Martin Heidegger im Gespräch,
　　Pfullingen 1988.

H. Ott, Martin Heidegger. Unterwegs zu seiner Biographie, Frankfurt a.
　　M./New York 1988.

H. W. Petzet , Auf einen Stern zugehen. Begegnungen und Gespräche mit
　　Martin Heidegger 1929−1976, Frankfurt a. M. 1983.

R. Safranski, Ein Meister aus Deutschland. Heidegger und seine Zeit,
　　München 1994.

c) 입문서

W. Biemel, Martin Heidegger in Selbstzeugnissen und Dokumenten,
　　Reinbek 1973.

R. Brandner, Heidegger, Sein und Wissen. Eine Einführung in sein Den−
　　ken, Wien 1993.

W. Franzen, Martin Heidegger, Stuttgart 1976.

T. Rentsch, Martin Heidegger—Das Sein und der Tod. Eine kritische Einführung, München/Zürich 1989.

G. Steiner, Martin Heidegger. Eine Einführung, München 1989.

K. H. Volkmann—Schluck, Die Philosophie Martin Heideggers. Eine Einführung in sein Denken, Würzburg 1996.

d) 전집

J. Altwegg (Hg.), Die Heidegger Kontroverse, Frankfurt a. M. 1988.

W. Biemel/F. −W. von Herrmann (Hg.), Kunst und Technik, Gedächtnisschrift zum 100. Geburtstag von Martin Heidegger, Frankfurt a. M. 1989.

H. Buchner (Hg.), Japan und Heidegger. Gedenkschrift der Stadt Meßkirch zum hundertsten Geburtstag Martin Heideggers, Sigmaringen 1989.

Forum für Philosophie Bad Homburg (Hg.), Heidegger : Innen−und Außenansichten, Frankfurt a. M. 1989.

H. −H. Gander(Hg.), Europa und die Philosophie (Schriftenreihe der Martin−Heidegger−Gesellschaft, Bd. 2), Frankfurt a. M. 1993.

H. −H. Gander(Hg.), "Verwechselt mich vor allem nicht!" Heidegger und Nietzsche (Schriftenreihe der Martin−Heidegger−Gesellschaft, Bd. 3), Frankfurt/M. 1994.

A. Gethmann−Siefert/O. Pöggeler (Hg.), Heidegger und die praktische philosophie, Frankfurt a. M. 1988.

C. B. Guignon (Hg.), The Cambridge companion to Heidegger, Cambridge 1993.

C. Jamme/K. Harries (Hg.), Martin Heidegger. Kunst−Politik−Technik, München 1992.

P. Kemper (Hg.), Martin Heidegger–Faszination und Erschrecken. Die politische Dimension einer Philosophie, Frankfurt a. M./New York 1990.

C. Macann (Hg.), Martin Heidegger. Critical assessments, 4 Bde., London 1992.

Martin Heidegger–Fragen an sein Werk. Ein Symposion, Stuttgart 1977.

B. Martin (Hg.), Martin Heidegger und das "Dritte Reich". Ein Kompendium, Darmstadt 1989.

D. Papenfuss/O. Pöggeler (Hg.), Zur Philosophischen Aktualität Martin Heideggers.

   Bd. 1 : Im Gespräch der Zeit, Frankfurt a. M. 1991.

   Bd. 2 : Philosophie und Politik, Frankfurt a. M. 1990.

   Bd. 3 : Im Spiegel der Welt : Sprache, Übersetzung, Auseinandersetzung, Frankfurt a. M. 1992.

O. Pöggeler (Hg.), Martin Heidegger. Perspektiven zur Deutung seines Werks, Köln 1969 (Neuauflage Frankfurt a. M. 1984).

T. J. Sheehan (Hg.), Heidegger. The Man and the Thinker, Chicago 1981.

Wirkungen Heideggers. Neue Hefte für Philosophie, Heft 23, Göttingen 1984.

e) 단행본

R. A. Bast, Der Wissenschaftsbegriff Martin Heideggers im Zusammenhang seiner Philosophie, Stuttgart–Bad Canstatt 1986.

J. van Buren, The young Heidegger. Rumor of the hidden king, Bloomington 1994.

H. Ebeling, Über Freiheit zum Tode, Freiburg i. Br. 1967.

V. Farias, Heidegger und der Nationalsozialismus, Frankfurt a. M. 1989.

G. Figal, Martin Heidegger—Phänomenologie der Freiheit, Frankfurt a.
M. 1988.

H.-G. Gadamer, Heidegger im Rückblick. Teil I von : Hermeneutik im
Rückblick (=Gesammelte Werke, Bd. 10), Tübingen 1995.

Ders., Heideggers Wege. Studien zum Spätwerk, Tübingen 1983 (erweiterte
Fassung in : Gesammelte Werke, Bd. 3, Tübingen 1987).

A. Garcia Düttmann, Das Gedächtnis des Denkens. Versuch Über Hei-
degger und Adorno, Frankfurt a. M. 1991.

C. F. Gethmann, Verstehen und Auslegung. Das Methodenproblem in der
Philosophie Martin Heideggers, Bonn 1974.

A. Gethmann-Siefert, Das Verhältnis von Philosophie und Theologie bei
Martin Heidegger, Freiburg I. Br./München 1974.

I. Görland, Transzendenz und Selbst. Eine Phase in Heideggers Denken,
Frankfurt a. M. 1981.

F. -W. von Herrmann, Der Begriff der Phänomenologie bei Husserl und
Heidegger, Frankfurt a. M. 1981.

Ders., Hermeneutische Phüanomenologie des Daseins. Eine Erläuterung
von "Sein und Zeit", Bd. 1 (Einleitung. Die Exposition der Frage nach dem
Sinn von Sein), Frankfurt a. M. 1987.

A. Jäger, Gott. Nochmals Martin Heidegger, Tübingen 1978.

K. Jaspers, Notizen zu Martin Heidegger, hrsg, von H. Saner, München/
Zürich 1979.

E. Kettering, NÄHE. Das Denken Martin Heideggers, Pfullingen 1987.

T. Kisiel, The Genesis of Heidegger's Being and Time, Berkeley/Los
Angeles/London 1993.

P. Lacoue-Labarthe, Die Fiktion des Politischen. Heidegger, der Kunst und
die Politik, Stuttgart 1990.

C. Lafont, Sprache und Welterschließung. Zur linguistischen Wende der
Hermeneutik Heideggers, Frankfurt a. M. 1994.